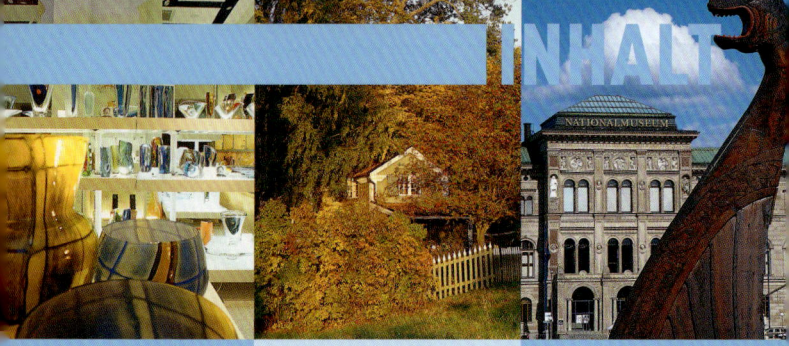

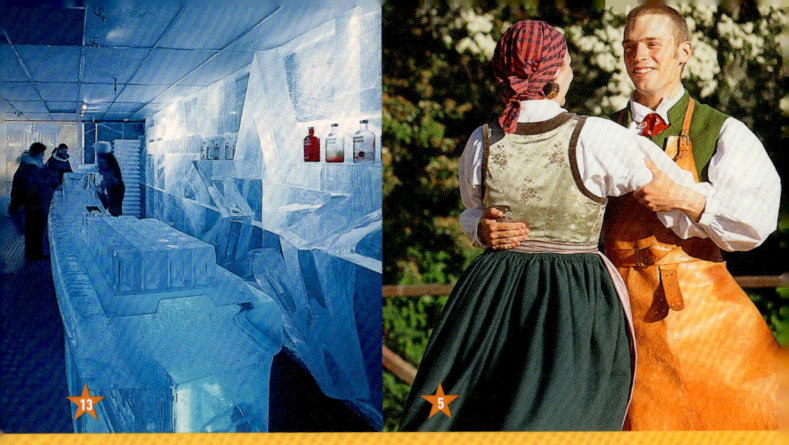

ENTDECKEN SIE STOCKHOLM!

Unsere Top 15 führen Sie an die traumhaftesten Orte und zu den spannendsten Sehenswürdigkeiten

Die Highlights sind in der Karte auf dem hinteren Umschlag eingetragen

 Schären
Inselreich im wahrsten Sinne des Wortes: 24 000 kleine Eilande drängen sich vor den Toren Stockholms (Seite 19)

 Midsommar
Mit Blumen, Tanz und Schnaps feiern die Stockholmer den längsten Tag des Jahres (Seite 21)

 Gamla Stan
Enge Gassen, alte Kirchen, terrakotta-farbene Giebelhäuser im Herzen der Stadt (Seite 29)

 Kungliga Slottet
Viel Platz für Königs & Co: Mit mehr als 600 Zimmern ist dieses imposante Bauwerk das größte Schloss der Welt (Seite 30)

 Skansen
Alte Bauernhäuser, prächtige Herrenhöfe und Elche gehören zu den Attraktionen dieses Freilichtmuseums (Seite 46)

 Vasa
Das mächtigste Kriegsschiff des 17. Jhs. konnte nicht schwimmen. Nun liegt es hoch und trocken im Museum (Seite 48)

 Drottningholm
Schwedisches Versailles: Seit 1981 lebt die Königsfamilie in dem Schloss vor den Toren Stockholms (Seite 51)

 Moderna Museet
Von Dalí bis Rauschenberg: Über 5000 Gemälde, Skulpturen und Installationen umfasst die hervorragende Sammlung moderner Kunst (Seite 53)

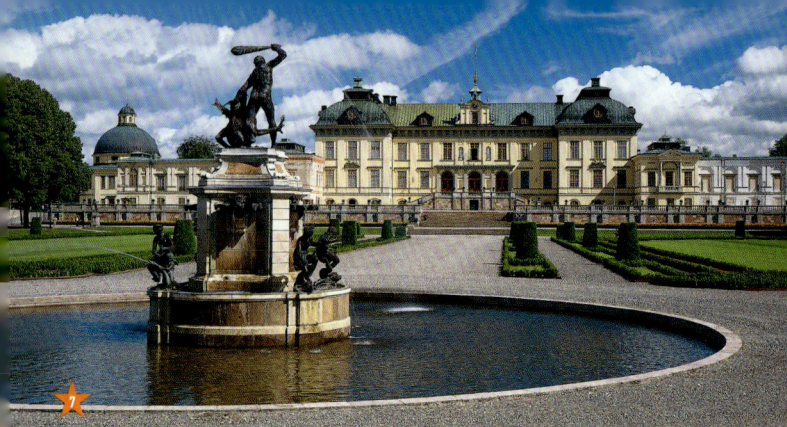

> DIE BESTEN
MARCO POLO
HIGHLIGHTS

 Stadshuset
Stockholms Wahrzeichen mit den drei goldenen Kronen ist an jedem 10. Dezember Austragungsort des berühmten Nobelbanketts (Seite 55)

 Edsbacka Krog
Essen, Service, Lage: In Schwedens einzigem Zweisternerestaurant stimmt einfach alles (Seite 60)

 Designtorget
Ausgefallene und funktionale Kreationen junger und etablierter Designer (Seite 70)

 Östermalms saluhall
Exklusive Köstlichkeiten aus Schwedens Wäldern, Wiesen und Gewässern unter einem Marktdach (Seite 72)

 Absolut Icebar
Gerührt oder geschüttelt, aber auf jeden Fall eiskalt: Cocktails genießen Sie hier aus echten Eisgläsern und im kältedichten Poncho bei frostig-frischen minus 5 Grad (Seite 76)

 Grand Hôtel
Tradition, Noblesse, Luxus – mit Blick auf das Königliche Schloss: Das Fünfsternehaus ist das beste Hotel am Platz (Seite 86)

 Gröna Lund
Schwedens ältester Vergnügungspark auf der grünen Insel Djurgården lockt mit seinen spannenden Attraktionen von der Achterbahn bis zum Spökhuset Jahr für Jahr Tausende Besucher an (Seite 92)

WAS FÜR EINE STADT!

Die Insel Riddarholmen mit der Riddarholmskyrkan

AUFTAKT

> Im hohen Norden, wo die Wildnis bis in die City reicht und sich gele-
gentlich ein Elch in die Straßen verirrt, überrascht eine weltoffene Kultur-
metropole mit mediterranem Touch. Prächtige Häuser in leuchtenden Ter-
rakottatönen, Cafétische mit bunten Wolldecken, an denen die Stockholmer bei duftenden Zimtwecken die wärmenden Sonnenstrahlen genießen,
enge Kopfsteinpflastergassen in der Altstadt, wo in den langen Sommer-
nächten ausgelassen gefeiert wird. Nordische Frische versprühen die reine
Luft, das kristallklare Wasser und das satte Grün der wildromantischen
Parkanlagen. Dieser Mix bezaubert jeden. Überzeugen Sie sich selbst!

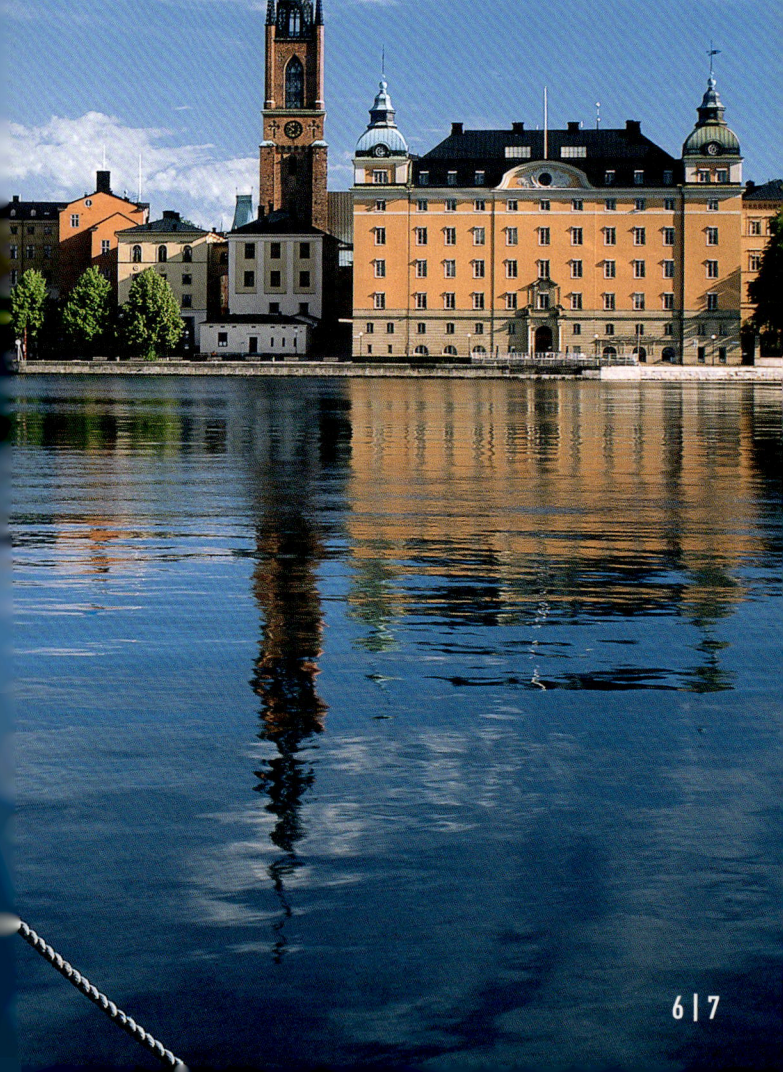

> Goldgelbe Bürgerhäuser, die im klaren nordischen Licht warm leuchten, prachtvolle Renaissancegebäude, die von Wohlstand zeugen, schreiende Möwen, die über weißen Schärendampfern kreisen: Stockholm, strahlende Hauptstadt des Nordens, fasziniert – besonders durch das viele Wasser, das in der Sonne herrlich glitzert und im Winter zu Eis erstarrt.

Ein Drittel der Fläche Stockholms ist Wasser, und das ist rein und von hervorragender Qualität. Hier können Sie mitten im Zentrum unbesorgt baden oder dicke Lachse angeln! Das zweite Drittel der Stadtfläche ist

> **Mitten im Zentrum unbesorgt baden und dicke Lachse angeln**

grün. Abgesehen von vielen kleinen lauschigen Ecken mit Bäumen, Büschen und Rasen zieht sich ein riesiger, geschützter Nationalpark von 56 km² mitten durch die Innenstadt, der *Ekoparken*. In welcher anderen

Millionenmetropole gibt es das schon? Und die Grünanlagen sind stets gut besucht, im Sommer wie im Winter, denn die Stockholmer sind – wie die Schweden generell – sehr naturverbunden. Kommen die ersten Strahlen der Frühjahrssonne durch, hält die sonnenhungrigen Hauptstädter nach den langen Monaten der Dunkelheit nichts mehr in geschlossenen Räumen. Dann geht es raus ins Freie. Mit Mobiltelefon bewaffnet, sitzen sie verträumt mit geschlossenen Augen auf den Treppenstufen des *Dramaten* und genießen bei einem *Caffè Latte* die Wärme und das Licht, auf die sie so lange verzichten mussten. Eilig werden Tische und Stühle selbst noch vor das winzigste Café gestellt und mit Wolldecken bestückt. Eine Vorsichtsmaßnahme, über die man sich wundern mag, scheinen doch die Stockholmer im Gegensatz zu Mitteleuropäern ein anderes Temperaturempfinden zu haben. Denn selbst bei objektiv niedri-

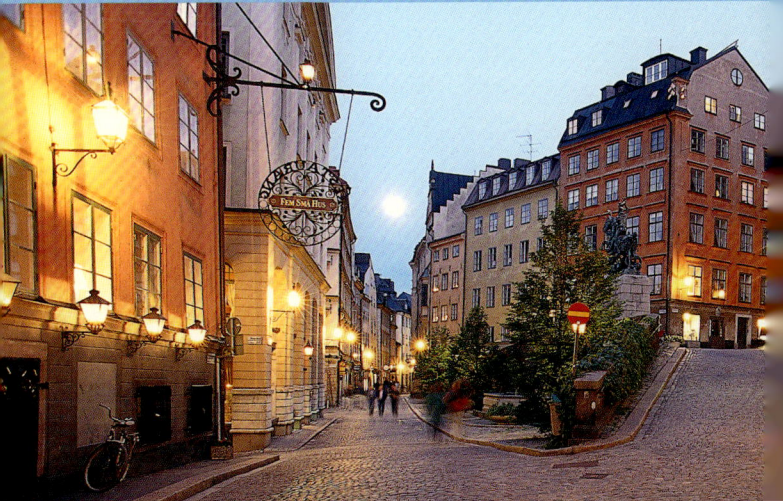

Keine Angst vor dunklen Tagen: Zahllose Lampen werfen warmes Licht in Stockholms Straßen

gen Frühjahrstemperaturen sind sie schon leicht bekleidet, während es Besucher aus südlicheren Gegenden noch ordentlich fröstelt. Im Mai und Juni, wenn alles grünt und blüht und der starke Duft der Fliederbüsche wie eine Wolke über Stockholm schwebt, wird die Stadt richtig lebendig. Dann starten die Schärendampfer tutend in die neue Saison, Festivals und Marathonläufe locken Besucher an, mit Kind und Kegel zieht es die Stockholmer zum Picknicken hinaus. Sie tanken ordentlich Licht und Energie für die kalten, dunklen Wintertage, wenn die Straßen der Hauptstadt sich wieder leeren, die Schiffe vertäut am Ufer liegen und es

> **Licht und Wärme ziehen alle Stockholmer ins Freie**

drinnen umso gemütlicher wird. Unzählige Lampen in den Fenstern leuchten warm ins Winterdunkel,

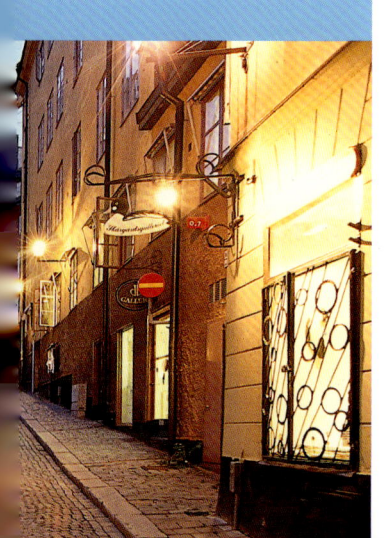

Flammenschalen vor den Eingangstüren verbreiten heimelige Stimmung. So überstehen die Stockholmer die dunkle Jahreszeit. Und im Übrigen bleibt die Gewissheit: Der nächste Sommer kommt bestimmt!

Wer Stockholm zum ersten Mal besucht, stellt fest: Für eine Großstadt ist sie relativ klein. Auf 14 Inseln und über 50 Brücken schlängelt sich die Stadt um die vielen Buchten und Wasserflächen herum, kriecht von einem Tunnel in den nächsten, um am anderen Ende die Hügel und Anhöhen zu erklimmen – eine große Fläche zwar, doch mit kompaktem Zentrum, das Sie dank eines klaren Schachbrettmusters gut erkunden können. Auch auffällig: Für eine Großstadt ist Stockholm sehr entspannt, ruhig und sauber. Das können Sie förmlich riechen, denn Stockholms Busse fahren mit Äthanol oder Biogas und sorgen damit für gute Luft. Damit sie noch besser wird, wurde das Fahrradwegenetz ausgebaut und 2007 eine Mautgebühr für PKW und LKW eingeführt.

Mit 1,9 Mio. Einwohnern (800 000 davon in der Innenstadt) ist Stockholm größte Stadt und politisches Zentrum Schwedens, das nach langer sozialdemokratischer Führung seit 2006 von einer bürgerlichen Allianz unter Ministerpräsident Fredrik Reinfeldt regiert wird. In Stockholm wird alles für den Rest des Landes entschieden, hier fließt das große Geld, hier gibt's die meisten Arbeitsplätze und die höchsten Löhne – kein Wunder, dass man im übrigen Schweden ein bisschen neidisch ist auf die *Nollåttor* („Nullachter", von 08, der Tele-

fonvorwahl für Stockholm). Ihr Image ist bei den Landsleuten angekratzt; sie gelten als arrogant, hochnäsig und versnobt.

Stockholm mit dem größten Ostseehafen ist eine der am schnellsten wachsenden Wirtschaftsregionen des Ostseeraums. Gleichzeitig ist die schwedische Hauptstadt der wichtigste Wirtschaftsstandort des Landes. Fast ein Viertel aller Unternehmen hat seinen Sitz in der Region um den Mälarsee, darunter Ericsson, Astra Zeneca, Scania und SEB. Auch das

 Im übrigen Schweden ist man neidisch auf die Hauptstädter

wichtigste Finanzzentrum Nordeuropas ist hier angesiedelt – die Stockholmer Börse. Zahlreiche Medien, Buch- und Zeitungsverlage, das schwedische Fernsehen und das schwedische Radio sitzen in der früheren Kulturhauptstadt Stockholm (1998). Im Bereich Forschung und Entwicklung liegt die

schwedische Hauptstadt ebenfalls ganz vorn, Universitäten wie das *Karolinska Institutet,* die Königlich Technische Hochschule, die Königliche Musikhochschule oder die Handelshochschule zählen zu den besten des Landes und sind führend auf den Gebieten Biotechnologie, Pharmazeutik, Informationstechnologie und Maschinenbau. Da liegt es nahe, dass auch die Nobelpreise für Medizin, Physik, Chemie, Literatur und Wirtschaft hier verliehen werden, und zwar jedes Jahr am 10. Dezember vom König persönlich.

Stockholm ist ein attraktiver Standort und auch für viele Menschen aus fernen Ländern zur neuen Heimat geworden. Die Zahl der Einwanderer steigt stetig: Waren es in den 1960er-Jahren vorwiegend Finnen, kommen die Zuzügler heute aus dem Irak, dem Iran, aus Polen oder Somalia. Dass Stockholm aber wie viele andere Städte Schwierigkeiten bei der Integration hat, ist nicht von der Hand zu weisen. Vororte wie Rinkeby oder

> TATORT STOCKHOLM
Das wahre Leben toppt bisweilen schwedische Krimis

Die schwedische Hauptstadt ist nicht nur in vielen Schwedenkrimis Schauplatz von Verbrechen, sondern war leider auch im wahren Leben immer wieder Ort von Morden und Anschlägen, die Schweden und die Welt erschütterten. 1792 wurde der schwedische König Gustav III. auf einem Maskenball in der Oper erschossen. 1975 nahmen sechs bewaffnete RAF-Terroristen mehrere Angehörige der Deutschen Botschaft in

Stockholm als Geiseln. Zwei Mitarbeiter kamen dabei ums Leben. Ihre Bürgernähe wurde manchen schwedischen Politikern zum Verhängnis. 1986 wurde der damalige schwedische Ministerpräsident Olof Palme nach einem Kinobesuch auf offener Straße ermordet, der Täter entkam. 2003 fiel die schwedische Außenministerin Anna Lindh im Nobelkaufhaus NK dem Messerattentat eines 25-Jährigen zum Opfer.

Skärholmen mit einem hohen Ausländeranteil sind deutliche Beispiele für misslungene Integration. Arbeitslosigkeit, Drogenprobleme, Kriminalität gehören hier zum traurigen Alltag. Auch in Stockholm fahren Ausländer mit ausgezeichneter beruflicher Qualifikation Taxi, gehen putzen oder arbeiten schwarz, auch hier gibt es Spannungen, kommt es zur Ausgrenzung der „Neuschweden", wenn auch

ausgelegt. Die Immigranten bereichern das städtische Leben in vielerlei Hinsicht: Bosnier und Liberianer schießen Tore für Stockholmer Fußballclubs, Ukrainer und Letten singen an Stockholms Oper, iranische und äthiopische Köche kochen um die Wette in Stockholmer Restaurants.

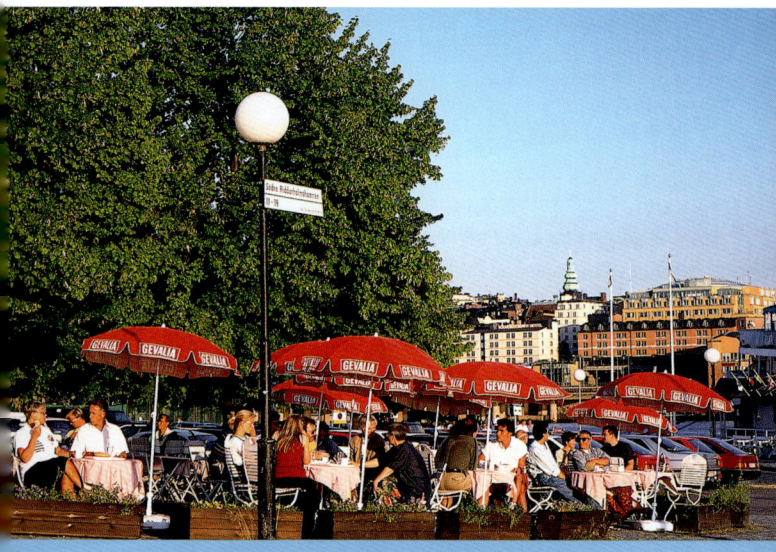

Grün, frisch, gelassen: Wenn eins nicht aufkommt in Stockholm, dann ist es Hektik

> **Auch Stockholm hat Probleme mit misslungener Integration**

nicht so offen wie in anderen Ländern. Denn selbst vorsichtige Kritik am Multikulti gilt als gesellschaftliches Tabu und wird schnell als Rassismus

Stockholm ist eine moderne europäische Großstadt, doch gibt es einen entscheidenden Unterschied zu anderen Metropolen: Schwedens Hauptstadt vermittelt erholsame Entspannung statt aufreibender Hektik – durch Menschen mit gelassenem Temperament, durch die beruhigende Wirkung von viel Wasser und üppigem Grün. Eine Stadt mit hoher Lebensqualität. Lassen Sie sich ein auf diese faszinierende Mischung!

TREND GUIDE STOCKHOLM

Die heißesten Entdeckungen und Hotspots! Unser Szene-Scout zeigt Ihnen, was angesagt ist

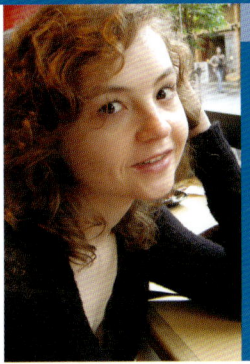

Nina Schattkowsky

Die freie Autorin kennt Stockholm wie ihre Westentasche. Ihre Liebe zum Design lässt sie immer wieder im Kunsthandwerksladen 125 Kvadrat vorbeischauen. Da Stockholm in Sachen Trends in Europa ganz vorne mitspielt, gibt es für unseren Szene-Scout eine Menge zu entdecken. Nebenbei schreibt sie ein Buch und fotografiert.

▶▶ KUNST DER GEGENWART

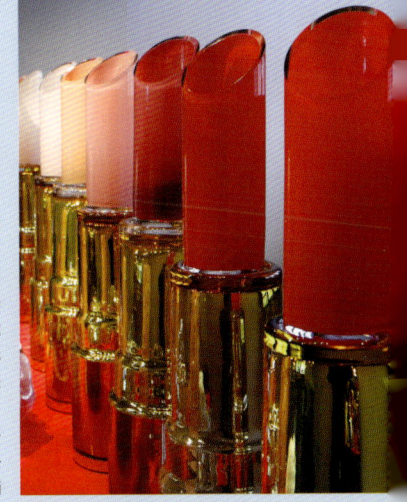

Fusion der Künste

Die moderne schwedische Kunsthandwerksszene boomt! Der Trend geht zu experimentellen Arbeiten und der Entfremdung von Funktion und Form. Das Resultat? Die Grenzen zwischen Kunsthandwerk und Design sowie der bildenden Kunst verwischen. Die Glaskünstlerin Åsa Jungnelius (*www.asajungnelius.se*, Foto) verbindet Innovation mit Konvention. Mit ihren Lippenstift-Glasskulpturen will sie die Beziehung zwischen Identität und Konsumverhalten zeigen. Anders Ljungberg kreiert Alltagsgegenstände: Indem er Details modifiziert oder vertauscht, hinterfragt er die erwartete Ordnung (*www.andersljungberg.se*). Modernes Kunsthandwerk gibt's auch bei *125 Kvadrat*. In dem Shop samt Galerie stehen die Künstler sogar selbst hinter der Theke (*Kocksgatan 17, www.125kvadrat.com*). Das *Konsthantverkscentrum KHVC* promotet schwedisches Kunsthandwerk (*Bellmansgatan 5, www.konsthantverkscentrum.se*).

SZENE

▶▶ **NERVENKITZEL AUF EIS**

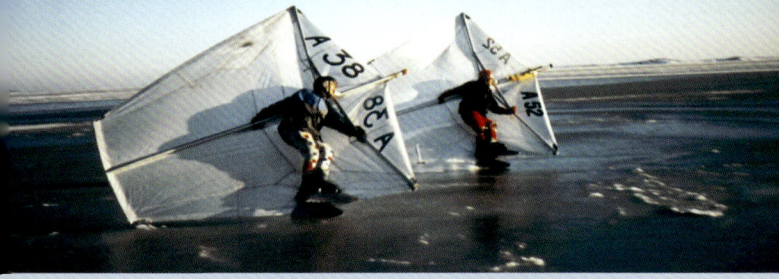

Kitewing & Schlittschuhsegeln

Eisige Trendsportarten wie Kitewing und Schlittschuhsegeln sind der Hit. An windigen Tagen düsen Funsportler über die gefrorenen Seen. So wie Alexander Larsson, der 2007 der erste schwedische Kitewing-Meister wurde. Zusehen und mitmachen kann man auf dem Baggensfjärden im Stockholmer Schärengarten und dem Ältasjön-See im Süden der Stadt. Lust bekommen? Infos gibt's bei *Kitewing Stockholm (www.kitewingsthlm.se)* und dem *Schlittschuhsegelverband Stockholm (www.sssk.se,* Foto*)*.

▶▶ **OPEN AIR IST IN!**

Feiern an der frischen Luft

Cafés, Restaurants und Clubs eröffnen separate Outdoor Locations und ziehen damit die Szene an – und das nicht nur im Sommer. Das schicke Restaurant *F12* betreibt einen Nachtclub im Freien: Zu Musik vom DJ-Pult wird im *F12 terrassen* gegrillt, gechillt und getanzt *(Fredsgatan 12, www.f12.se)*. Im Freiluft-Hotspot *Josefina* loungt man auf gemütlichen Sofas unterm Sternenhimmel *(Galärvarvsvägen 10, www.josefina.nu)*, im Garten des *Nox* auf einem riesigen ovalen Bett und romantisch in Gartenzelten *(Grev Turegatan 30, www.nox.se,* Foto*)*. Die Open-Air-Bar des *East* ist dank Heizpilzen ein ganzjähriger Anziehungspunkt für Frischluftfans *(Stureplan 13, www.east.se)*.

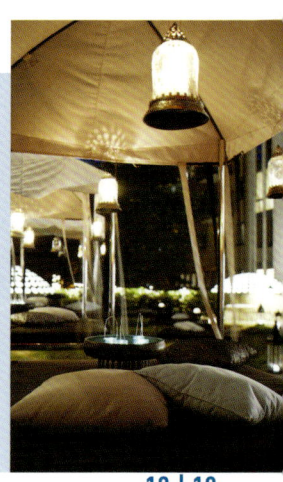

MINIPORTIONEN

Alles wird probiert

Kleine, mundgerechte Portionen – vergleichbar mit der Größe von Tapas – liegen im Trend. Im *Restaurangen* werden drei, fünf oder sieben Gänge nach Geschmacksrichtungen wie Zitrone, Safran, Erdnuss oder Ingwer selektiert. Sogar der Wein wird nach Geschmack in Probiergläschen serviert, an der Bar bestellt man Drinks mit Flavours wie Kardamom, Holunderbeere oder Minze *(Oxtorgsgatan 14, www.restaurangentm.com)*. Im Styletempel *Kungsholmen (Norr Mälarstrand, Kai 464,*

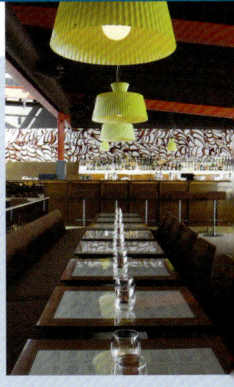

www.kungsholmen.com, Foto) suchen sich Trendsetter ihre Portiönchen an sieben offenen Kochstationen zusammen. Im Angebot: Sushi, Gegrilltes und Außergewöhnliches.

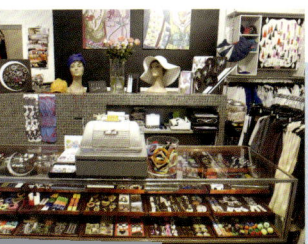

CONCEPT STORE

Kreativ & innovativ in SoFo

In SoFo weht ein frischer Wind. Das Kürzel für South of Folkungagatan *(www.sofo.se)* ist Södermalms kreativstes Viertel: Hier hat sich ein eklektischer Mix an Concept Stores angesiedelt, in denen Mode, Kunst und Design mit Events und Chillen verschmelzen. Bei *Tjallamalla* gibt's neben schwedischen Labels und coolen Einzelstücken auch Accessoires und Handtaschen *(Bondegatan 46, Stockholm, www.tjallamalla.com, Foto)*. Das Kitsch-Imperium *Coctail de Luxe (Bondegatan 34, www.coctail.nu)* ist die Topadresse für schrille Wohndeko. Toll: die SoFo Nights. Jeden letzten Donnerstag im Monat sind die Läden bis 21 Uhr geöffnet, DJs legen auf, und das Stöbern wird zum Event – Drinks inklusive!

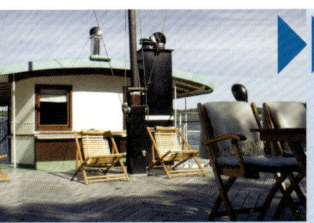

METAMORPHOSE

Schlafe lieber ungewöhnlich

Immer mehr Objekte werden zu ungewöhnlichen Schlafstätten umfunktioniert. An Bord des ehemaligen Flussbootes *M/S Florence* übernachten Gäste z. B. im Kapitänszimmer. Die ca. 70 km lange Fahrt dorthin lohnt sich, schließlich kocht im dazugehörigen Restaurant Magnus Ek, einer der besten Köche des Landes *(Insel Oaxen, www.oaxenkrog.se, Foto)*. In einer ausrangierten Boeing 747 eröffnete die Jugendherberge *Jumbo Hostel (am Flughafen Arlanda, www.jumbohostel.se)*. Das *Mälardrottning Hotel* ankert in Gamla Stan *(Riddarholmen, www.malardrottningen.se)*.

▶▶ ALLES VINTAGE

Zweiter Frühling

Stockholms Szenegänger paaren Secondhand-Klamotten mit angesagten schwedischen Labels. Die Top-Adresse für Vintage-Fashion ist *Beyond Retro*. Der Laden im Kellergewölbe veranstaltet regelmäßig Kunstevents, und sonntags spielen ab 15 Uhr Livebands *(Åsögatan 144, www.beyondretro.com,* Foto*)*. Retromöbel und Kleidung von schwedischen Designern kauft man bei *The Grandpa (Fridhemsgatan 43, www.grandpa.se)*. Kleidung, Schmuck und Schuhe gibt's bei *Mint & Vintage (Sankt Eriksgatan 48, www.mintandvintage.com)*. Tipp: Im Charity-Shop *Stadsmission* herrscht Schnäppchengarantie *(Skånegatan 75)*.

▶▶ LOCAL HEROES

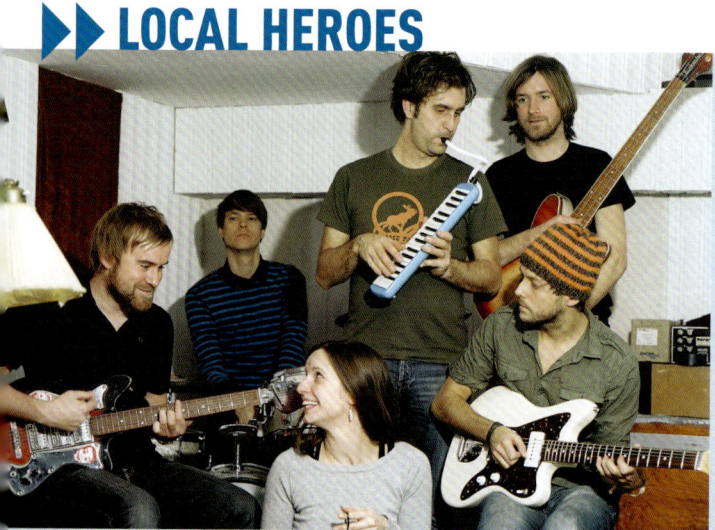

Alternative Sounds

Die Nachwuchsbands der Hauptstadt spielen Indie! Die punkigen Indie-Rocker Thomas, Henrik, Marcus, Kalle und Emil der Band *Stompin' Souls* begeistern ihr Publikum *(www.myspace.com/stompinsouls)*. Das Sextett von *Lacrosse* punktet mit seiner energiereichen Gute-Laune-Musik zwischen Indie- und Folkpop *(www.lacrosse.nu,* Foto*)*. Zu den Hotspots für Livekonzerte zählt das *Nalen* – hier rocken Newcomer und etablierte Künstler und bringen das Publikum in Stimmung *(Regeringsgatan 74, www.nalen.com)*.

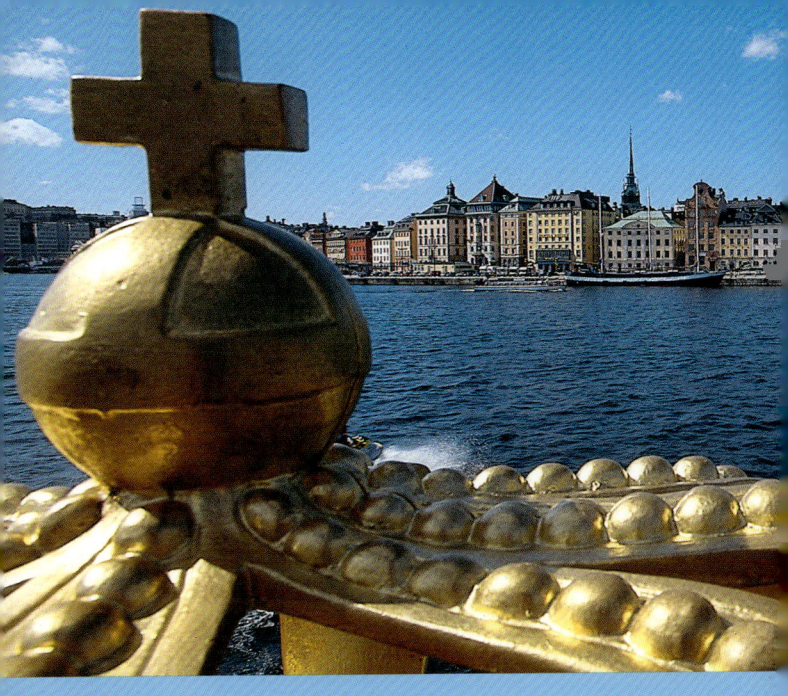

> MODE, MONARCHIE UND DIE LUST AN DER MODERNISIERUNG

Ein Bein in der Zukunft, das andere in der Vergangenheit: Innenansichten einer außergewöhnlichen Stadt

ALKOHOL

Die Stockholmer trinken gern Alkohol, meist nur am Wochenende, aber dann richtig – trotz hoher Preise und erschwertem Zugang. Getränke mit mehr als 3,5 % Alkohol verkaufen nur staatliche Läden *(systembolaget)*. Doch durch den EU-Beitritt Schwedens wurde die restriktive Alkoholpolitik, die auf die Gesundheit der Bürger abzielt, faktisch aufgeweicht. Seit

2004 gelten dieselben höheren Einfuhrmengen wie für den Rest Europas. Billigpreise in den Nachbarländern sorgten für einen weiteren Anstieg des Alkoholkonsums. Für Schwedens Gesetzgeber vorerst bester Grund beim strikten Kurs zu bleiben.

ARCHITEKTUR

Die Bandbreite der architektonischen Formen in Stockholm ist riesig. Die

Bild: Gamla Stan – vom Osten aus gesehen

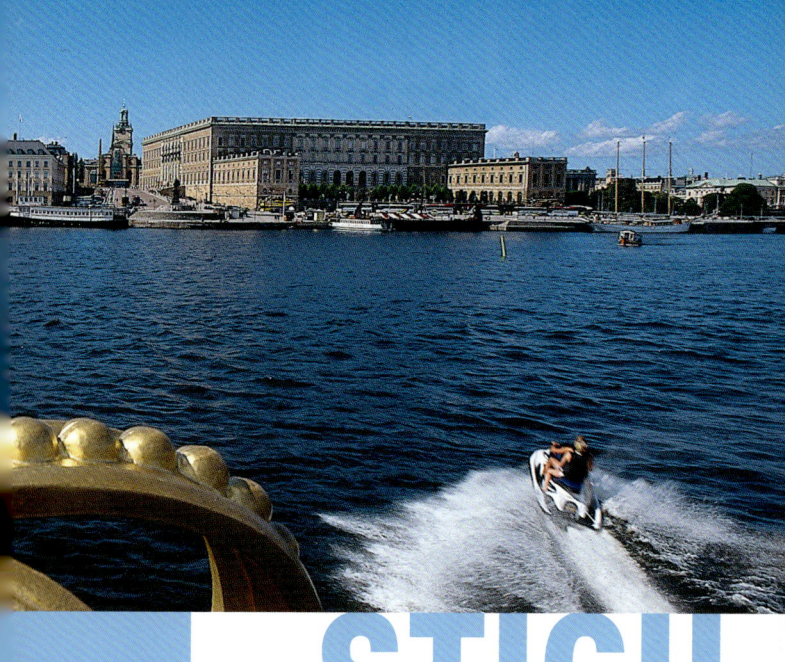

STICH WORTE

ältesten Gebäude der Altstadt und ihr Straßennetz stammen aus dem Mittelalter. Mit Schwedens Aufstieg zur Großmacht im 17. Jh. entstanden Stadtpaläste und Landschlösser wie *Schloss Drottningholm* und das *Königliche Schloss*. Im 18. Jh. entwickelte sich der *Gustavianische Stil*, benannt nach König Gustav III. (1746–1792), die schwedische Variante des klassizistischen Stils in Architektur, Design und Kunsthand-

werk. Gustavianisch steht für Leichtigkeit, strenge, klare Formen und Pastellfarben wie Hellgelb und Perlgrau. Bestes Beispiel: das Interieur im Pavillon Gustav III. im Hagapark.

Die Industrialisierung Schwedens und die Expansion Stockholms in der zweiten Hälfte des 19. Jhs. machten den Bau von Wohnhäusern, Hotels, Markthallen und Theatern erforderlich. Vorherrschend waren Jugendstil *(Dramaten)* und schwedische Natio-

nalromantik *(Nordiska Museet, Stadshuset)*. In den 1920er-Jahren bevorzugten die Architekten den schlichteleganten Klassizismus. Gunnar Asplund, Schöpfer der *Stadsbiblioteket* (1920–28), führte den Funktionalismus *(funkis)* ein, bevorzugter Baustil für große, nüchterne Wohnblocks wie etwa auf Gärdet.

Nach dem Zweiten Weltkrieg sahen die Städteplaner neidisch auf den Wiederaufbau mit modernen Hochhäusern im Ausland. Beim stolzen Versuch, die Innenstadt mit einem 30-Jahre-Programm zu erneuern, gingen die Städtebauideologen rigoros vor: Es wurde brutal abgerissen und neu gebaut, wie etwa in der Nähe des Hötorget: Fünf nüchterne Bürotürme aus dem 1960er-Jahren ersetzten die alte Bausubstanz aus dem 17. Jh. Nach dem Bau des *Kulturhuset* (1974) war Schluss, weitere Modernisierungspläne wurden begraben.

Inzwischen ist die Modernisierungslust wieder entflammt, vor allem in Stockholms Außenbezirken. Eins der modernsten Wohnprojekte aus Beton und Glas ist das neue Stadtviertel *Hammarby Sjöstad* mit 9000 Wohnungen für rund 20 000 Menschen. Das Viertel auf einem ehemaligen Industriegelände gilt als anspruchsvolles Umweltprojekt, bei dem versucht wird, Energie im Massenwohnungsbau etwa mit Hilfe von Sonnenkollektoren effizient einzusparen.

KÖNIGLICHE FAMILIE

Die schwedischen Royals, König Carl XVI. Gustaf, Königin Silvia sowie die Kinder Victoria, Madeleine und Carl Philip, erfreuen sich bei den Schweden größter Beliebtheit. Die Bernadottes, so der Familienname der fran-

> DAS KLIMA IM BLICK
Handeln statt reden
atmosfair

Reisen bereichert und verbindet Menschen und Kulturen. Jedoch: Wer reist, erzeugt auch CO_2. Dabei trägt der Flugverkehr mit bis zu 10 % zur globalen Erwärmung bei. Wer das Klima schützen will, sollte sich somit nach Möglichkeit für die schonendere Reiseform (wie z.B. die Bahn) entscheiden. Wenn keine Alternative zum Fliegen besteht, so kann man mit *atmosfair* handeln und klimafördernde Projekte unterstützen.

atmosfair ist eine gemeinnützige Klimaschutzorganisation.

Die Idee: Flugpassagiere spenden einen kilometerabhängigen Beitrag für die von ihnen verursachten Emissionen und finanzieren damit Projekte in Entwicklungsländern, die dort helfen den Ausstoß von Klimagasen zu verringern. Dazu berechnet man mit dem Emissionsrechner auf *www.atmosfair.de* wie viel CO_2 der Flug produziert und was es kostet, eine vergleichbare Menge Klimagase einzusparen (z.B. Berlin–London–Berlin: ca. 13 Euro). *atmosfair* garantiert, unter der Schirmherrschaft von Klaus Töpfer, die sorgfältige Verwendung Ihres Beitrags. Auch der MairDumont Verlag fliegt mit *atmosfair*.

Unterstützen auch Sie den Klimaschutz: *www.atmosfair.de*

zösischstämmigen Dynastie, leben außerhalb von Stockholm im Schloss Drottningholm und geben sich sehr volksnah. Sie repräsentieren Schweden im Ausland, und das machen sie gut. Jedenfalls finden das ihre Anhänger, während Kritiker meinen, das Königshaus koste zu viel, sei unmodern und undemokratisch. Lange galt in Schweden die männliche Thronfolge. Sie wurde 1977 nach der Geburt von Kronprinzessin Victoria abgeschafft.

MODE

Praktisch, avantgardistisch, nordisch: Mode made in Sweden gilt international längst nicht mehr als Geheimtipp. Immer mehr schwedische Modedesigner sind auch im Ausland erfolgreich, der Umsatz boomt. Besonders Jeans schwedischer Marken wie *Acne, Nudie* oder *Cheap Monday* sind angesagt. Dass schwedische Mode viel mehr ist als H & M, zeigen die Designer zwei Mal im Jahr in Stockholm: Auf der *Stockholm Fashion Week* präsentieren Etablierte und Newcomer ihre neuesten Kollektionen.

ALFRED NOBEL

Der erfolgreiche Chemiker (1833–96) entdeckte 1866 das Dynamit. Nobel galt als einer der bedeutendsten Erfinder des 19. Jhs. Außer Chemie beschäftigten ihn auch Physik, Medizin und Literatur und der Weltfrieden. Bei seinem Tod 1896 besaß Nobel über 355 Patente und ein Vermögen von heute umgerechnet etwa 160 Mio. Euro. In seinem Testament verfügte er, dass die Zinsen aus seiner Stiftung denjenigen Meistern obiger Diszipli-

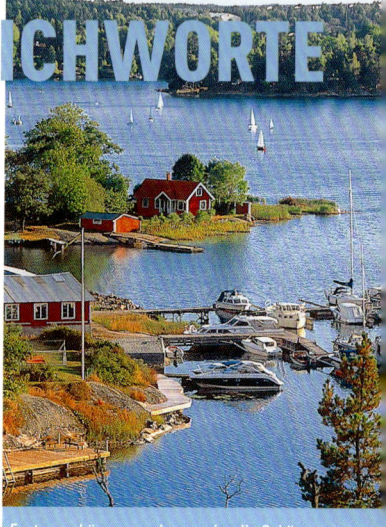
Fast zu schön, um wahr zu sein: die Schären

nen zugute kommen sollen, die im „verflossenen Jahr der Menschheit den größten Nutzen geleistet haben". Seit 1901 werden am 10. Dezember, Nobels Todestag, die nach ihm benannten Preise im Stockholmer Konzerthaus verliehen.

SCHÄREN

★ 24000 kleine und große Inseln, Granitfelsen und grüne Schärenparadiese erstrecken sich 150 km in Nord-Süd-Richtung östlich der Stadt. Mit den neuen Dampfschiffen zum Ende des 19. Jhs. strömten die Städter in die Schären, darunter viele Maler und Schriftsteller. Prächtige Holzvillen wurden gebaut, Pensionen entstanden. In den 1960er- und 1970er-Jahren lockten Arbeitsplätze in der Stadt, die Menschen verließen die Gegend. Eine aktive Schärenpolitik stoppte den Abwanderungstrend. Als Ausflugsziel sind die Schären sehr beliebt, zu den 10 000 ständigen Bewohnern kommen viele internationale Urlauber.

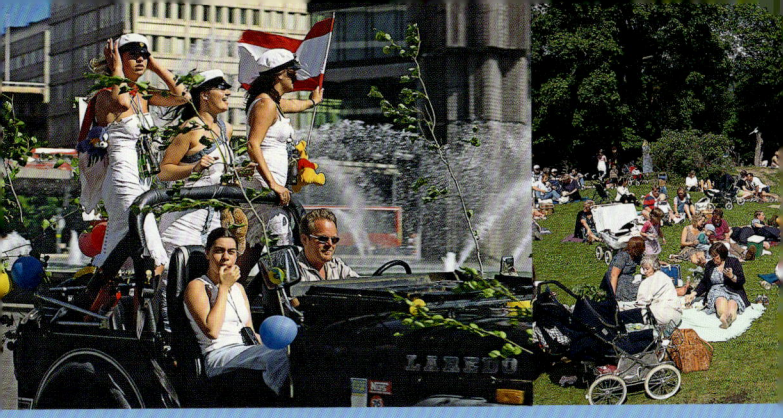

HELLE NÄCHTE, DUNKLE TAGE

In Stockholm wird das ganze Jahr über gern gefeiert, am liebsten aber unterm Mittsommerhimmel oder bei Kerzenschein zu Lucia

> Licht und Wärme sind in Schweden von jeher ein wichtiger Grund zum Feiern, das gilt auch für die Hauptstadt Stockholm. Traditionelle Feste, Kulturfestivals und populäre Sportveranstaltungen locken die Menschen ins Freie, besonders natürlich im Sommer. Da wird jede Gelegenheit genutzt, frische Luft und Tageslicht zu tanken und sich zu bewegen. Doch auch die dunklen Wintermonate vertreiben sich die Stockholmer mit spannenden und stimmungsvollen Events.

FEIERTAGE

1. Jan. *Nyårsdagen* (Neujahr); **6. Jan.** *Trettondedag jul* (Heilige Drei Könige); **Långfredagen** (Karfreitag); **Påskdagen** (Ostersonntag); **Annandag påsk** (Ostermontag); **1. Mai** (Tag der Arbeit); **Kristi himmelfärds dag** (Christi Himmelfahrt); **Pingstdagen** (Pfingstsonntag); **6. Juni** (Nationalfeiertag); **Midsommardagen** (Mittsommer); **Alla helgons dag** (Allerheiligen); **25. Dez.** *Juldagen* (erster Weihnachtstag), **26. Dez.** *Annandag jul* (zweiter Weihnachtstag)

VERANSTALTUNGEN

April

Valborgsmässoafton (Walpurgisnacht): Mit Feuern und traditionellen Studentenliedern wird am 30. April der Frühling begrüßt. Große Feiern im Freilichtmuseum Skansen. *Tel. 442 80 00 | www.skansen.se*

Juni

Stockholm Marathon: 18 000 Sportbegeisterte gehen bei dem 42,195-km-Lauf über Stockholms Inseln an den Start. *Tel. 54 56 64 40 | www.stockholmmarathon.se*

6. Juni – *Nationaldagen:* blau-gelb, so weit das Auge reicht. In Stockholm wird der Nationalfeiertag mit vielen Flaggen und Fähnchen gefeiert, die Royals besuchen Skansen, im Königlichen Schloss ist Tag der offenen Tür. *Insi Ti*

Studenten (Abiturfeiern): In geschmückten Autos und Anhängern cruisen Stockholms Gymnasiasten durch die Stadt und zelebrieren ihren Schulabschluss *Insi Ti*

Aktuelle Events weltweit auf www.marcopolo.de/events

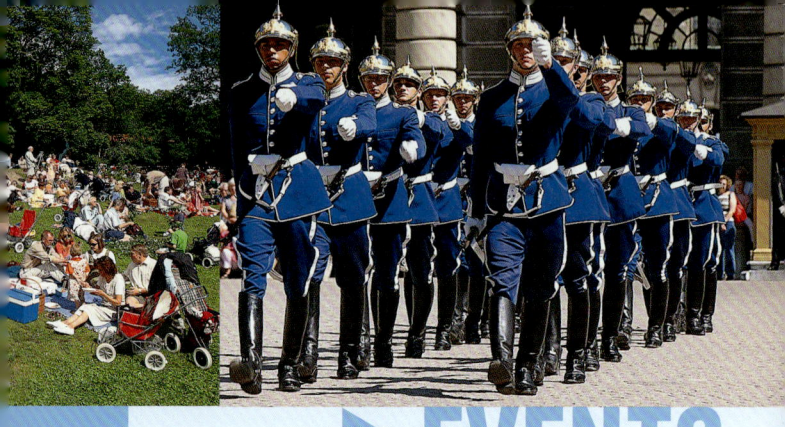

> EVENTS
FESTE & MEHR

mit weißen Studentenmützen, viel Sekt und lauter Musik.

⭐ *Midsommar:* Schwedens wichtigstes Fest wird an dem Wochenende gefeiert, das dem 21. Juni am nächsten liegt. Traditionell wird die mit Birkengrün geschmückte Mittsommerstange *(majstång)* aufgestellt, um die man herumtanzt. Mit Volksmusik und viel Alkohol freut sich das ganze Land über den hellsten Tag des Jahres.

Juli
Stockholm Jazz Festival: Großereignis mit schwedischen und internationalen Stars der Jazz-, Blues- und Soulszene auf Skeppsholmen. *Tel. 50 53 31 70 | www. stockholmjazz.com*

Juli/August
Stockholm Pride: Zehn Tage lang schillert Stockholm bei diesem Schwulen- und Lesbenfest in allen Regenbogenfarben. Höhepunkt: die *Pride-Parade* durch die City. *Tel. 33 59 55 | www.stockholm pride.org*

August
Kulturfestivalen: Eine Woche lang bietet Stockholms größtes Kulturevent Musik, Theater und Tanz mit Künstlern aus aller Welt. *www.kulturfestivalen.stockholm.se*

November
Stockholm Filmfestival: internationales Festival mit Filmen etablierter und junger Regisseure. *Tel. 677 50 00 | www.stock holmfilmfestival.se*

Dezember
Nobeldagen: Nobelpreisverleihung am 10. Dez. durch König Carl XVI. Gustaf im Konserthuset. *www.nobel.se*

⭐ *Lucia:* das Fest der Lichterkönigin. Einst galt der 13. Dezember als kürzester Tag des Jahres. Junge Mädchen mit langen, weißen Gewändern und einer Lichterkrone auf dem Kopf ziehen mit Gefolge singend durch Krankenhäuser und Altenheime. Im Freilichtmuseum Skansen wird jedes Jahr die Stockholmer Lucia gekrönt. *Tel. 442 80 00 | www.skansen.se*

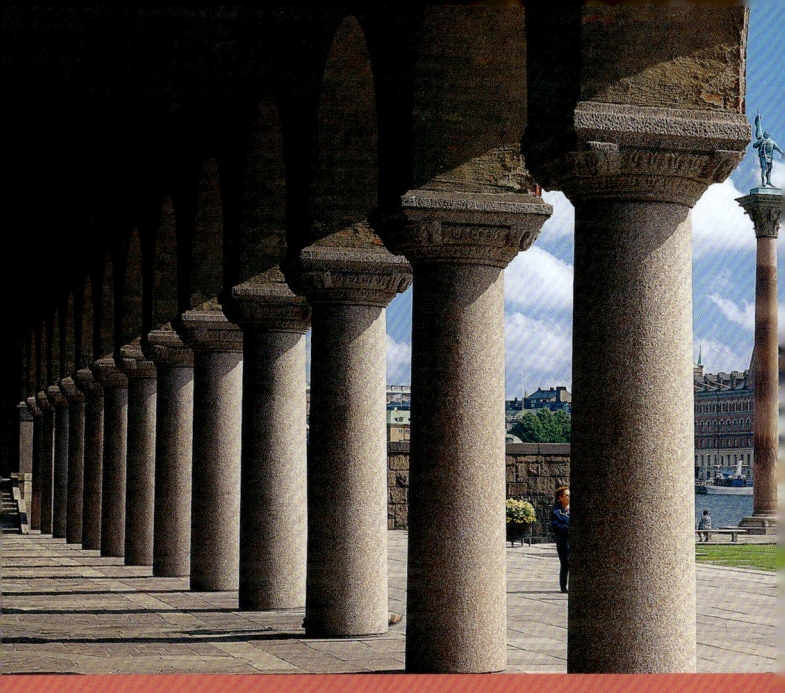

> PARADIES AUF VIERZEHN INSELN

Schwedens schwimmende Hauptstadt bezaubert durch
ihre phantastische Lage

> Auch wenn die Gründer Stockholms im 13. Jh. noch nicht fliegen und die einzigartige Inselwelt in ihrer Gesamtheit aus der Luft erfassen konnten, wie es Besuchern heute beim Anflug vergönnt ist – sie hatten den richtigen Riecher für den Standort ihrer neuen Stadt. Nur, dass damals nicht ästhetische, sondern rein praktische Gründe zählten.

Gebaut wurde die schwedische Hauptstadt am strategisch günstigen Übergang vom süßen Mälarsee zur salzigen Ostsee auf der Insel *Stadsholmen,* der größten Insel der heutigen Altstadt, *Gamla Stan.* Weil die großen Handelsschiffe wegen der Stromschnellen nicht zwischen Ostsee und Mälarsee verkehren konnten, brauchte man dort einen Umschlagplatz für die Waren und errichtete eine Siedlung. 1252 wurde Stockholm zum ersten Mal urkundlich erwähnt. Lange Zeit beschränkte sich die bauliche Entwicklung der Stadt

Bild: Rathausarkaden mit Blick auf die Insel Riddarholmen

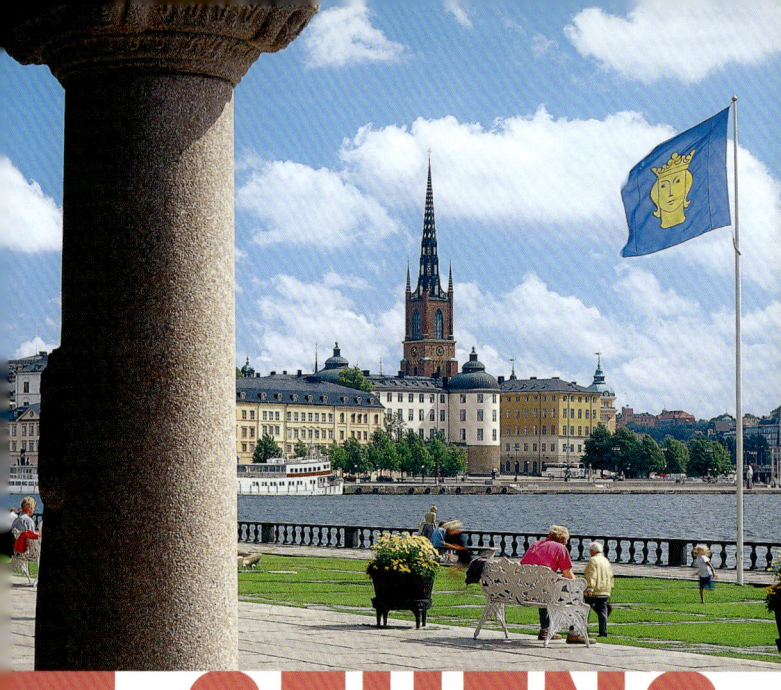

SEHENS WERTES

auf die Altstadtinseln. Doch als die Bevölkerung rasant zunahm, wurde neuer Wohnraum dringend erforderlich. Anfang des 17. Jhs. erschlossen die Stadtväter deshalb die nördlich und südlich angrenzenden Gebiete, die sogenannten *malmarna,* nach dem Muster eines Schachbretts. Zunächst errichteten die Stockholmer ihre Häuser aus Holz. Nach einigen Bränden aber wurde das verboten und Stein als Material vorgeschrie-

ben. Ende des 19. Jhs. nahm die Bebauung des ländlichen *Östermalm* ihren Ausgang, weiterhin entstanden die Arbeiter- und Handwerkerviertel *Kungsholmen* und *Södermalm.*

Heute wächst Stockholm außerhalb dieses Bereichs in alle Himmelsrichtungen kräftig weiter. Die Innenstadt umfasst 14 Inseln, die durch Brücken miteinander verbunden sind; zwischen den Stadtteilen *Norrmalm, Djurgården* und Gamla

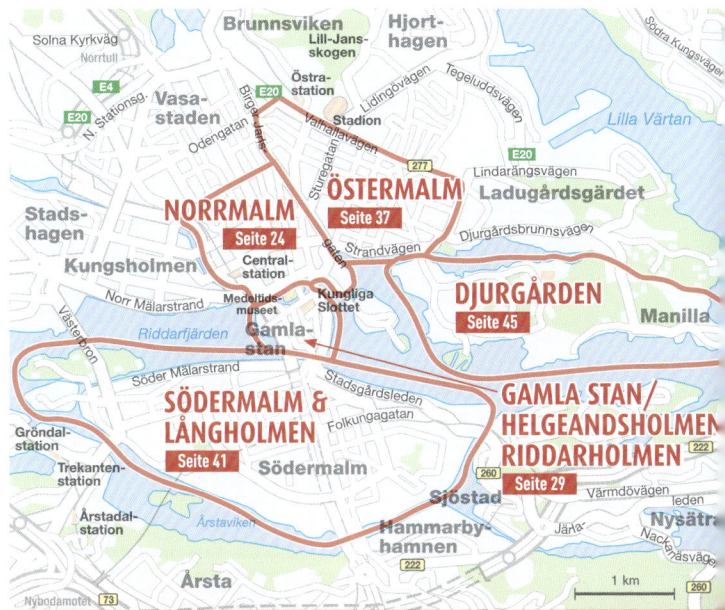

Die Karte zeigt die Einteilung der interessantesten Stadtviertel. Bei jedem Viertel finden Sie eine Detailkarte, in der alle beschriebenen Sehenswürdigkeiten mit einer Nummer verzeichnet sind

Stan verkehren Fähren. Und dennoch ist Stockholms Zentrum so kompakt, dass Sie alles bequem zu Fuß erreichen können. Wer lieber fährt, ist mit den Buslinien sowie der roten, blauen und grünen Linie der Stockholmer U-Bahn sehr gut bedient. Die Fahrscheine für beide Verkehrsmittel bekommen Sie in den U-Bahn-Stationen (gekennzeichnet mit einem T für *tunnelbana*) oder im *pressbyrån*.

Den schönsten Eindruck von der Stadt bekommen Sie von oben: Die **Insider Tipp** ❄️ Fjällgatan oder der ❄️ Monteliusvägen auf Södermalm bieten einen atemberaubenden Blick auf die City. Auch vom Wasser aus können Sie die Stadt prima erkunden. Boots-

touren durch Stockholms Inselwelt vermitteln einen guten Eindruck von der Stadt. Sie haben die Wahl zwischen Ausflugsschiffen, die Sie hinaus in die Schären bringen, und Sightseeingbooten, die Rundfahrten um die Stadtinseln anbieten. Aus dieser Perspektive werden sie ihre Stadt garantiert auch gerne betrachtet haben, die stolzen Gründer Stockholms.

NORRMALM

> Als die Bevölkerung Stockholms im 17. und 18. Jh. immer weiter wuchs, wurde mit der Bebauung Norrmalms begonnen, entstanden dort Bürgerhäuser und Stadtpaläste. 1871 wurde der Hauptbahn-

hof (Centralen) in Betrieb genommen. Danach entwickelte sich Norrmalm zum neuen Stadtzentrum, es wurden Banken gegründet und Kaufhäuser gebaut wie *Åhléns* (1899), *Nordiska Kompaniet NK* (1902) und *PUB* (1916). Stockholms moderne City entstand in den 1950er- bis 1970er-Jahren, als im Klaraviertel Hunderte Wohnhäuser der Abrissbirne zum Opfer fielen. 18-stöckige Gebäude wurden nahe dem *Hötorget* errichtet und der Platz *Sergels torg* (1960) mit dem *Kulturhuset* in zwei Ebenen angelegt. Wohnungen wichen neuen Bürogebäuden.

Heute leben etwa 11 000 Menschen in Norrmalm. Auch verschiedene Regierungsgebäude liegen in diesem Stadtteil: der Regierungssitz *Rosenbad, Sagerska Palatset,* die Dienstwohnung des Ministerpräsidenten,

und der *Arvfurstens Palats* (1794) am Gustav Adolfs torg, in dem heute das schwedische Außenministerium residiert. An der Einkaufsstraße Hamngatan liegt der *Kungsträdgården* mit seinen Cafés und Restaurants, in dem etliche Festivals stattfinden.

1 HÖTORGET (HEUMARKT) [120 B1]
Marktplatz mit langer Tradition, auf dem bis 1856 auch Heu (schwedisch *hö*), Holz und Stroh gehandelt wurden. Heute gibt es dort Obst, Gemüse und Blumen zu kaufen, die Stände mit weiteren frischen Produkten wie Fleisch, Fisch und Käse sind im Untergeschoss des modernen Glaspalasts mit riesigem Multiplexkino untergebracht. Schräg gegenüber liegen das Traditions-Kaufhaus PUB (1882), in dem Greta Garbo einst als Hutverkäuferin arbeitete, und das

MARCO POLO HIGHLIGHTS

★ **Gamla Stan**
Auf dieser kleinen Insel schlägt Stockholms mittelalterliches Herz (Seite 29)

★ **Storkyrkan**
Carl XVI. Gustaf und Silvia gaben sich in der über 700 Jahre alten Kathedrale das Jawort (Seite 34)

★ **Vasa**
333 Jahre lag das königliche Kriegsschiff auf dem Grund des Meers, bevor es im eigenen Museum ankerte (Seite 48)

★ **Stadshuset**
In Stockholms Wahrzeichen speisen alle Jahre wieder die Nobelpreisträger beim exklusiven Bankett (Seite 55)

★ **Skansen**
In diesem Freilichtmuseum gibt's Schweden en miniature (Seite 46)

★ **Kungliga Slottet**
Europas beste Handwerker richteten den weltgrößten Palast ein (Seite 30)

★ **Moderna Museet**
Modern Art auf der lauschigen Insel Skeppsholmen (Seite 53)

★ **Drottningholm**
Der barocke Wohnsitz der Königsfamilie liegt mitten im Grünen (Seite 51)

★ **Waldemarsudde**
Villa und Atelier des Malerprinzen Eugen auf Djurgården (Seite 49)

Konserthuset von 1926. *Bus 1, 56, 59: Hötorget | Grüne Linie: Hötorget*

2 KONSERTHUSET [120 B1]

Architekt Ivar Tengbom entwarf den blauen „griechischen Tempel" des Konzerthauses 1926 im neoklassizistischen Stil am Hötorget. Davor steht der *Orpheus-Brunnen* des berühmten schwedischen Bildhauers Carl Milles (1875–1955). Das Konserthuset ist Sitz der seit 1902 musizierenden schwedischen Philharmoniker. Außerdem werden hier jedes Jahr feierlich die Nobelpreise in Anwesenheit der Königsfamilie übergeben. *Hötorget | www.konserthuset.se | Bus 1, 56: Hötorget | Grüne Linie: Hötorget*

3 KULTURHUSET [120 B–C2]

Hässlich, retro, cool! Die Meinungen über Stockholms Kulturhaus von 1974 gehen weit auseinander. Beton und Glas prägen den riesigen Gebäudekomplex am Sergels torg. Entworfen wurde der Bau von Peter Celsing, dessen Vorschlag sich beim damals ausgeschriebenen Architektenwettbewerb gegen 44 andere durchsetzte.

Hier finden regelmäßig Musik-, Tanz- und Theatervorstellungen, Lesungen und Diskussionen statt. Unter demselben Dach: das *Stadsteater* mit sechs Bühnen, ein Internetcafé, ein Lesesaal mit 500 internationalen Zeitungen, eine CD-Bibliothek, Restaurants, Cafés, Designshop. *Di–Fr 11 bis 18, Sa–So 11–16 Uhr | Sergels torg | www.kulturhuset.se | Bus 47, 56, 69, 71: Sergels torg | Blaue, grüne, rote Linie: Centralen*

4 KUNGLIGA OPERAN (KÖNIGLICHE OPER) [120 C2]

Schwedens erstklassige Nationalbühne für Oper und Ballett am Gustav Adolfs torg wurde 1773 von Gustav III., einem Förderer der feinen Künste, gegründet. 1792 fiel er während eines Maskenballs ausgerechnet in der Oper einem Attentat zum Opfer. Das ursprüngliche Opernhaus wurde Ende des 19. Jhs. abgerissen und durch das heutige Gebäude ersetzt. Außen ist es im neoklassizistischen Stil gehalten, das prachtvolle Interieur glänzt im Spätbarock. Einen Besuch lohnt das *Goldfoyer,* ausge-

Die einen finden es scheußlich, die anderen cool, weil retro: das Kulturhuset von 1974

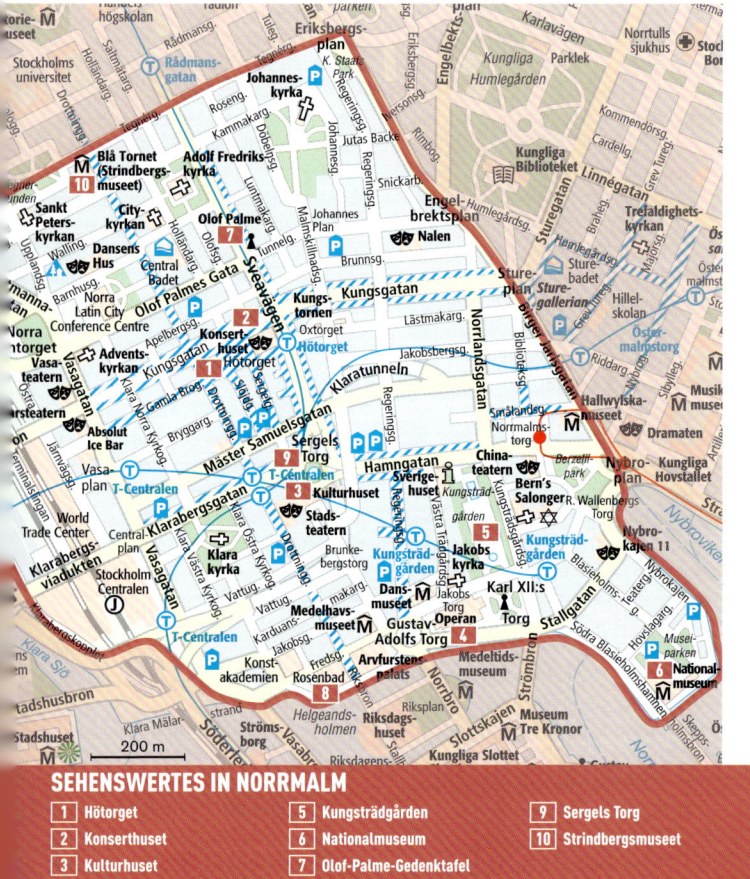

schmückt mit Goldstuckaturen, Kristallleuchtern, großen Spiegeln und Stoffen aus florentinischem Goldbrokat. *Führungen (auch auf Englisch) Aug.–Mai Sa 13 Uhr | 75 SEK | Gustav Adolfs torg | www.operan.se | Bus 2, 55, 71, 76: Karl XII:s torg | Blaue Linie: Kungsträdgården*

5 KUNGSTRÄDGÅRDEN [120–121 C–D2]

Im 15. Jh. wurde in diesem Garten noch das Gemüse für die Schlossküche angebaut, im 16. Jh. flanierte der Adel durch den neu angelegten Renaissancepark. Im 18. Jh. durfte ihn dann auch das Volk nutzen. Im ältesten Park der Stadt treffen sich heute

die Stockholmer gern. Außerdem werden hier viele Feste und Festivals veranstaltet. Im Winter können Sie im Kungsträdgården Schlittschuh laufen (Verleih vor Ort), im Sommer in den Cafés entspannen, Schach spielen oder einfach nur mit einem guten Buch auf der Bank sitzen. *Bus 2, 43, 55, 62, 71, 76: Karl XII:s torg | Blaue Linie: Kungsträdgården*

Insider Tipp

6 NATIONALMUSEUM [121 E3]

Die größte Kunstgalerie Schwedens (1866) mit Sammlungen von Gemälden und Skulpturen, Zeichnungen, Stichen und Kunsthandwerk (Gobelins, Möbel, Glas, Silber) vom 15. Jh. bis ins frühe 20. Jh. präsentiert unter anderem Werke der wichtigsten schwedischen Künstler sowie Arbeiten von Rembrandt van Rijn, Peter Paul Rubens, Francisco de Goya, Pierre Auguste Renoir, Edgar Degas und Paul Gauguin. Auch die Dauerausstellung zum Thema schwedisches Design lohnt unbedingt einen Besuch. *Sept.–Mai Di, Do 11–20, Mi, Fr–So 11–17, Juni–Aug. Di 11–20, Mi–So 11–17 Uhr | Eintritt 100 SEK | Södra Blasieholmshamnen | Blasieholmen | www.nationalmuseum.se | Bus 2, 43, 55, 62, 65, 71, 76: Karl XII:s torg | Blaue Linie: Kungsträdgården*

7 OLOF-PALME-GEDENKTAFEL [123 F5]

Am 28. Februar 1986 wurde Olof Palme (geb. 1927), einer der charismatischsten Politiker Schwedens, auf dem Sveavägen nach einem Kinobesuch erschossen. Zwei Mal war der Sozialdemokrat Ministerpräsident (1969–76 und 1982–86) sowie maßgeblich an der schwedischen Re-

formpolitik der 1950er- und 1960er-Jahre beteiligt. Vor allem aber war Palme für das Bild Schwedens im Ausland verantwortlich. Er bezog harte Position gegen den Vietnamkrieg und vermittelte für die Uno im Iran-Irak-Krieg. Am Tatort erinnert eine in den Bürgersteig eingelassene Gedenktafel, an der die meisten Leute achtlos vorübergehen, an den Mord, der noch immer nicht aufgeklärt ist. *Sveavägen/Olof Palmes Gata | Bus 59: Adolf Fredrik kyrka | Grüne Linie: Hötorget*

8 ROSENBAD [120 B3]

Wo man Ende des 17. Jhs. in Maiglöckchen und Rosen baden konnte, sind seit 1981 der Sitz der schwedischen Regierung und das Büro des Ministerpräsidenten untergebracht. 1904 entwarf Ferdinand Boberg das Palais im venezianischen Stil direkt am Wasser. Bevor die Regierung einzog, lagen Wohnungen, ein Restaurant und eine Bank in dem Gebäude. *Fredsgatan | Bus 3, 53, 62, 65: Tegelbacken | Blaue, grüne, rote Linie: Centralen*

9 SERGELS TORG (SERGEL-PLATZ) [120 B1]

Plattan, die Platte, wie der Platz mit den zwei Ebenen auch genannt wird, ist ein ständig diskutiertes Objekt. Die einen wollen, dass er platt gemacht wird, weil sich dort die Stockholmer Drogenszene trifft, die anderen möchten ihn als architektonische Glanzleistung der schwedischen Moderne unbedingt erhalten. Auf der oberen Ebene des Platzes, einem Verkehrskreisel, steht ein 38 m hoher *gläserner Obelisk* von Edvin Öhrström. Wenn er

abends angestrahlt wird und die bunten Lichter des Kulturhuset dazu leuchten, bekommt die Platte fast etwas Bezauberndes. *Bus 47, 56, 59,69: Sergels torg | Blaue, grüne, rote Linie: Centralen*

die Entwicklung des modernen Dramas von entscheidender Bedeutung waren, darunter *Fräulein Julie* (1888), *Nach Damaskus* (1901) und *Ein Traumspiel* (1902). *Nov.–Feb. Di–So 12–16, März–Okt. Di 12–19, Mi–So*

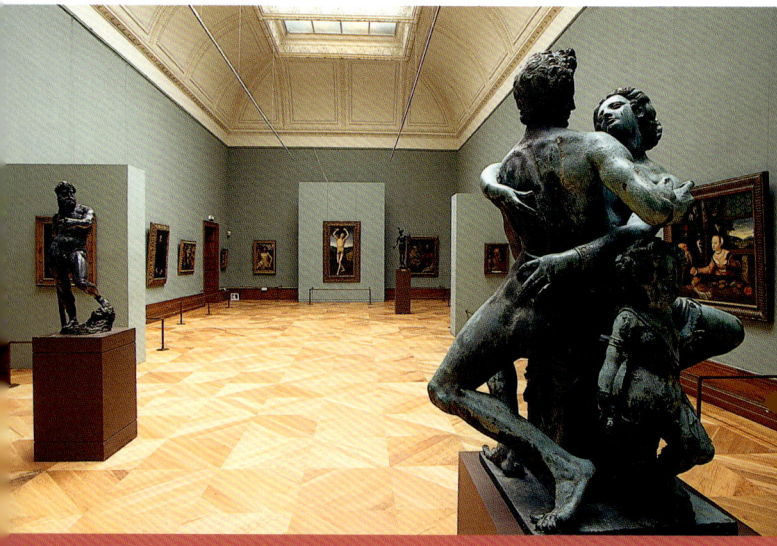

Tour d'Europe: Schwedische und europäische Meisterwerke finden sich im Nationalmuseum

10 **STRINDBERGSMUSEET** [123 F5]

Schwedens wichtigster Schriftsteller August Strindberg (1849–1912) lebte von 1908 bis 1912 in der Drottninggatan, im *Blauen Turm,* in dem heute das Strindbergmuseum untergebracht ist. Seine Wohnung wurde rekonstruiert, das Originalmobiliar ist erhalten. Zu sehen sind Strindbergs Bibliothek mit 3000 Büchern sowie Schlaf-, Ess- und Arbeitszimmer. Berühmt wurde der scharfe Gesellschaftskritiker durch seine mehr als 60 naturalistischen und expressionistischen Dramen, die für

12–16 Uhr | Eintritt 50 SEK | Drottninggatan 85 | www.strindbergsmuseet.se | Grüne Linie: Rådmansgatan

GAMLA STAN/ HELGEANDS- HOLMEN/RID- DARHOLMEN

> Das Herz Stockholms ist seine pittoreske Altstadt ★ Gamla Stan mit rund

**3000 Einwohnern. Auf der Insel Stadshol-
men stehen die ältesten Gebäude Stockholms.** Kaufmannshäuser, Speicher,
Adelspaläste und Kirchen wie die
Storkyrkan entstanden hier nahe der
mittelalterlichen Burg Tre Kronor,
die sie vor Angreifern schützte. Die
Burg brannte 1697 ab, heute steht
dort das Königliche Schloss. Der
starke deutsche Einfluss der Hanse
im 13. und 14. Jh. führte zur Grün-
dung der deutschen Gemeinde mit einer eigenen Kirche (Tyska Kyrkan).
Heute noch befinden sich über vielen
Hauseingängen deutsche Inschriften,
zum Beispiel am Stortorget im Zentrum Gamla Stans, an dem auch das
Haus der Börse liegt. Westlich und
östlich dieses Platzes verlaufen die
quirligen Geschäftsstraßen Väster-
långgatan und Österlånggatan. Die
unzähligen kleinen Läden mit ihrem
bunten Mix aus touristischen und

Pracht im Schloss: der Reichssaal

kunstgewerblichen Produkten locken
besonders im Sommer zahlreiche Besucher an. Viele der mittelalterlichen
Keller beherbergen heute gemütliche
Cafés und Restaurants. Über Brücken gelangt man nach *Riddarholmen* mit der Riddarholmskyrkan, der
Grabkirche der schwedischen Könige, und nach *Helgeandsholmen,*
dem Sitz des Reichstags.

**1 KUNGLIGA SLOTTET
(KÖNIGLICHES
SCHLOSS) ★** [120–121 C–D 3–4]
Ein schwerer Brand zerstörte 1697
die einst mittelalterliche Burg Tre
Kronor, inzwischen zu einem Re-
naissanceschloss umgebaut. Nicodemus Tessin d. J. ließ an dieser Stelle
das imposante Gebäude mit italieni-
scher Fassade und französischem Interieur errichten, das erst 60 Jahre
später für König Adolf Fredrik be-
zugsfertig war. Die besten Künstler
und Handwerker Europas waren an
der Gestaltung der 608 Räume des
Königlichen Schlosses beteiligt, das
als das größte der Welt gilt. Außer
den königlichen Paraderäumen mit
unzähligen kostbaren Kunstgegen-
ständen, Möbeln und Tapeten ist die
Galerie Karls XI. im Spätbarock ein
besonderes Prunkstück. Sie ist dem
Spiegelsaal in Versailles nachemp-
funden, hier finden die königlichen
Bankette statt. Ebenfalls sehr sehenswert sind der prächtige *Reichssaal*
mit dem Silberthron der Königin
Kristina von 1650 und das *Schlafzim-
mer Gustavs III.,* der dort nach einem
Attentat in der Stockholmer Oper
1792 starb. Das Schloss beherbergt
außerdem die *Schlosskirche* im Ro-
kokostil, in der im Sommer Konzerte

SEHENSWERTES

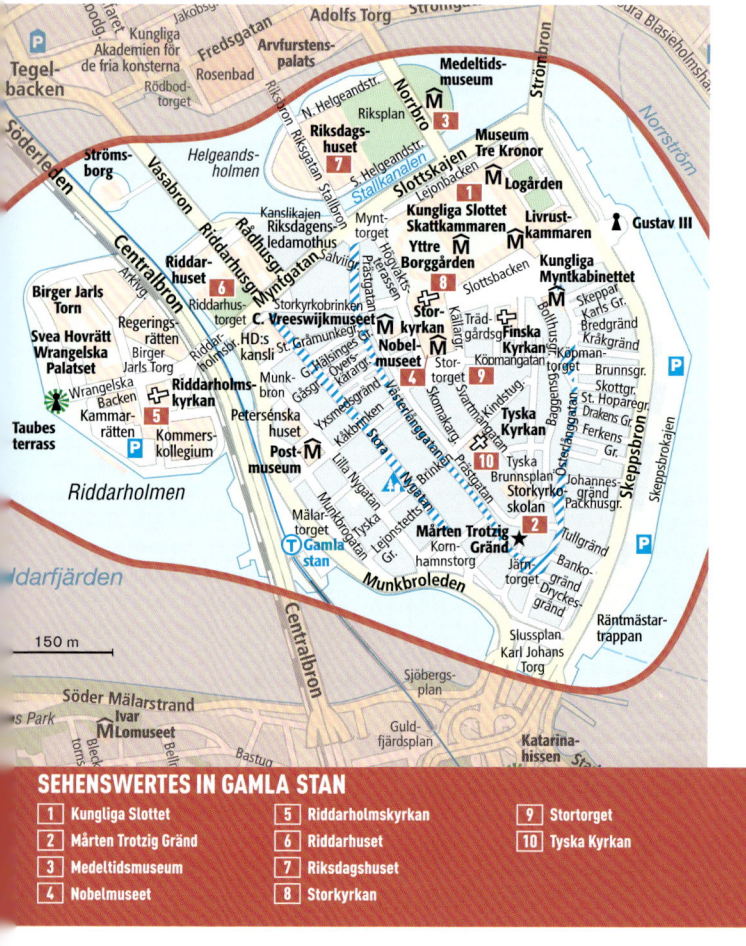

SEHENSWERTES IN GAMLA STAN

1 Kungliga Slottet		**5** Riddarholmskyrkan		**9** Stortorget
2 Mårten Trotzig Gränd		**6** Riddarhuset		**10** Tyska Kyrkan
3 Medeltidsmuseet		**7** Riksdagshuset		
4 Nobelmuseet		**8** Storkyrkan		

stattfinden. Im Kellergewölbe liegt die Schatzkammer mit kostbaren Kronjuwelen und Königsinsignien, etwa das Reichsschwert von Gustav I. Wasa (1496–1560), Krone, Zepter und Reichsapfel Eriks XI. (1533–77) und die Krone der Königin Lovisa Ulrika (1720–82).

Im Keller des Schlosses ist auch das *Museum Tre Kronor* untergebracht, das eindrucksvoll die fast tausendjährige Schlossgeschichte illustriert. Viele Gegenstände konnten vor dem Feuer gerettet werden und sind hier zu sehen. Helme, Rüstungen sowie eine Hochzeitskarosse aus dem

17. Jh. werden in der Rüstkammer des Schlosses präsentiert. Besonderes Highlight: das ausgestopfte *Pferd Streiff* von König Gustav II. Adolf, auf dem er im Dreißigjährigen Krieg in der Schlacht bei Lützen 1632 fiel. Heute wird das Schloss nicht mehr als Residenz, sondern nur als Amtssitz sowie für offizielle Empfänge und Staatsbesuche genutzt.

Große Touristenattraktion ist die Wachablösung mit Musik und Parade

>LOW BUDGET

> Die Stockholmkarte *(stockholmskortet)* berechtigt u. a. zum freien Eintritt in 75 Museen und Attraktionen, zur kostenlosen Benutzung der öffentlichen Verkehrsmittel und zu freien Bootstouren. Sie gilt ein (330 SEK) bis drei (580 SEK) Tage und ist im Touristenbüro *(Sverigehuset | Hamngatan 27 | Tel. 50 82 85 08 | www.stockholmtown.com | Bus 47, 69: Kungsträdgården | Blaue Linie: Kungsträdgården)* erhältlich.

> Für nur 20 SEK dürfen Sie die 365 Stufen im ☆ Turm des Stadshuset erklimmen und werden mit einer grandiosen Aussicht auf die Stadt belohnt. *Juni–Aug. tgl. 9–17, Sept. bis 16 Uhr | Hantverkargatan 1 | www.stockholm.se/stadshuset | Bus 3, 62: Stadshuset | Blaue Linie: Rådhuset*

> Freien Eintritt haben Besucher Mi 16–20 Uhr im *Nordiska Museet (Djurgårdsvägen 6–16 | www.nordiskamuseet.se | Bus 44, 47, 69: Nordiska Museet)* und Fr 16–18 Uhr im *Arkitekturmuseet (Exercisplan | www.arkitekturmuseet.se | Bus 65: Moderna museet).*

im äußeren Königlichen Schlosshof *(im Sommer Mo–Sa 12.15, So 13.15, sonst Mi, Sa 12.15, So 13.15 Uhr). Feb. bis Mitte Mai, Mitte Sept.–Dez. Di–So 12–15, Mitte–Ende Mai, Anfang–Mitte Sept. tgl. 10–16, Juni bis Aug. tgl. 10–17 Uhr | Slottsbacken | Eintritt ab 90 SEK | www.royalcourt.se | Bus 2, 43, 55, 71, 76: Slottsbacken | Grüne, rote Linie: Gamla Stan*

2 MÅRTEN TROTZIG GRÄND (MÅRTEN-TROTZIG-GASSE) [121 D5]

Die schmalste Gasse der Altstadt mit 36 Treppenstufen ist nur 90 cm breit. Sie wurde nach dem deutschen Kaufmann Martin Traubtzig aus Wittenberg benannt, der 1581 nach Schweden einwanderte und hier Ende des 16. Jhs. mehrere Häuser besaß. Er handelte mit Eisen und Kupfer und war einer der reichsten Kaufleute Stockholms. Auf einer Geschäftsreise ins mittelschwedische Dalarna wurde er 1617 erschlagen. *Bus 2, 43, 55, 71, 76: Slottsbacken | Grüne, rote Linie: Gamla Stan*

3 MEDELTIDSMUSEUM [120 C3]

Tauchen Sie ein in das mittelalterliche Leben Stockholms! In diesem unterirdischen Museum wird die Vergangenheit wieder lebendig. Wichtige archäologische Funde, die bei Erdarbeiten für eine Tiefgarage unter dem Reichstag in den 1980er-Jahren entdeckt wurden, sind hier ausgestellt, etwa Teile der alten Stadtmauer und das 22 m lange *Riddarholmsschiff.* Außerdem zu sehen: Nachbauten des mittelalterlichen Hafens und eines Marktplatzes mit Pranger sowie Waffen und Kleidungsstü-

cke. *Di–Fr 11–19, Sa–So 11–17 Uhr (wegen Umbaus voraussichtlich bis Jan. 2010 ausgelagert ins Kulturhuset am Sergels torg, s. S. 26)* | *Strömparterren an der Brücke Norrbro* | *Helgeandsholmen* | *Eintritt frei* | *www.medeltidsmuseet.stockholm.se* | *Bus 2, 43, 55, 71, 76: Karl XII:s torg* | *Blaue Linie: Kungsträdgården*

4 NOBELMUSEET [120 C4]

Im alten Börsenhaus von 1778 werden 100 Jahre Nobelpreisgeschichte mit multimedialer Technik präsentiert. Die Nobelpreisträger und ihre Werke werden in Filmausschnitten vorgestellt, außerdem informiert die Ausstellung über die Hintergründe des Preises und seinen Stifter, Alfred Nobel. *Mitte Sept.–Mitte Mai Di 11 bis 20, Mi–So 11–17, Mitte Mai bis Mitte Sept. Mi–Mo 10–17, Di 10–20 Uhr* | *Eintritt 60 SEK* | *Stortorget 2* | *www.nobelmuseet.se* | *Bus 2, 43, 55, 71, 76: Slottsbacken* | *Grüne, rote Linie: Gamla Stan*

5 RIDDARHOLMSKYRKAN (RIDDARHOLMSKIRCHE) [120 B4]

Neben das Franziskanerkloster aus dem 13. Jh. baute man zwischen 1280 und 1300 dieses Gotteshaus, das im Lauf der Zeit mehrmals vergrößert wurde. Die dreischiffige Kirche aus roten Backsteinen wurde im gotischen Stil errichtet, nach einem Brand 1835 erhielt sie den 90 m hohen Westturm mit seiner charakteristischen Spitze aus durchbrochenem Gusseisen. Seit 1807 dient die Riddarholmskirche nur noch als Grab- und Gedächtniskirche, hier liegen bis auf wenige Ausnahmen die Grabstätten der schwedischen Monarchen.

Besonders eindrucksvoll ist der imposante Sarkophag Karls XIV. Johanns. Als französischer Marschall mit dem Namen Jean-Baptiste Berna-

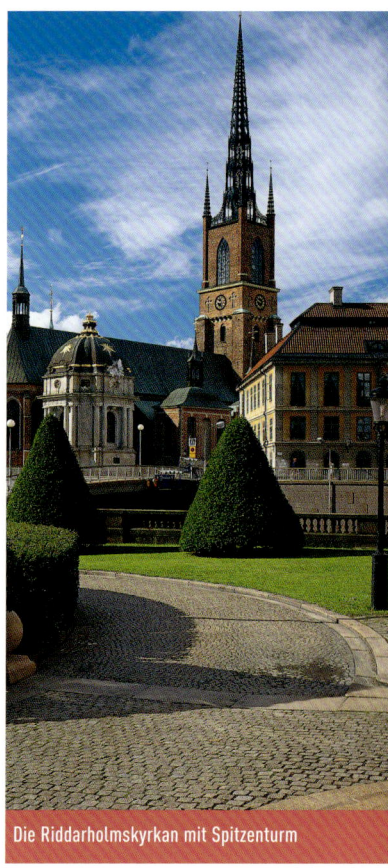

Die Riddarholmskyrkan mit Spitzenturm

dotte kämpfte er unter Napoleon, 1818 wurde er schwedischer König, weil es in Schweden keinen passenden Thronfolger gab. Er ist der Begründer der heutigen Bernadotte-Dynastie. *Mitte–Ende Mai, Anf.–Mitte*

Sept. tgl. 10–16, Juni–Aug. tgl. 10 bis 17, Mitte–Ende Sept. Di–So 12–15 Uhr | Eintritt 30 SEK | Birger Jarls torg | Riddarholmen | www.royalcourt.se | Bus 3, 53: Riddarhustorget | Grüne, rote Linie: Gamla Stan

6 RIDDARHUSET (HAUS DES ADELS) [120 B–C4]

Das prächtige Gebäude wurde 1641 bis 1674 im Stil des niederländischen Barock gebaut. Das Ritterhaus war Treffpunkt des Adels. 1865 wurde die Ständegesellschaft abgeschafft und der Adel politisch entmachtet. Die Skulpturen auf dem Dach symbolisieren die ritterlichen Tugenden Fleiß, Mut, Ehre, Stolz und Tapferkeit. Im Inneren des Gebäudes zieren über 2300 Wappen die Wände des Rittersaals, in dem ein kostbarer Schatz aufbewahrt ist: ein geschnitzter Ebenholzstuhl von 1623. *Mo–Fr 11.30–12.30 Uhr | Eintritt 50 SEK | Riddarhustorget 10 | www.riddarhuset.se | Bus 3, 53: Riddarhustorget | Grüne, rote Linie: Gamla Stan*

7 RIKSDAGSHUSET (REICHSTAG) [120 C3]

Das monumentale Reichstagsgebäude und die Reichsbank auf Helgeandsholmen wurden 1905 bzw. 1906 eröffnet. Als die Schweden 1971 den Zweikammerreichstag abschafften und den Einkammerreichstag einführten, wurde ein neuer Plenarsaal notwendig. Während das Parlament für zwölf Jahre ins Kulturhuset am Sergels torg umzog, fanden bis 1983 umfangreiche Umbaumaßnahmen statt. Reichstags- und Reichsbankgebäude wurden miteinander verbunden und vergrößert, im westlichen Teil des Komplexes liegt der Plenarsaal, dessen Wände und Stühle aus hellem Birkenholz gefertigt sind. *Gratisführungen (auf Schwedisch und Englisch) Sept. bis Mitte Juni Sa–So 13.30, Ende Juni bis Aug. tgl. 12–15 Uhr | Tel. 786 48 62 | Riksgatan 3A | www.riksdagen.se | Bus 3, 53: Riddarhustorget | Grüne, rote Linie: Gamla Stan*

8 STORKYRKAN (DOM) ★ [120 C4]

Die über 700 Jahre alte Domkirche spielte für Schwedens Staatskirche eine wichtige Rolle: Von hier aus verbreitete der große Reformator Olaus Petri (1493–1552) die lutherische Lehre über das Land. Die Fassade der Kirche, die 1306 geweiht wurde, ist wie die des benachbarten Königlichen Schlosses im Stil des italienischen Barock gehalten. Die fünfschiffige Basilika mit dem 66 m hohen Turm wurde mehrfach umgebaut, deshalb lassen sich in ihrem Inneren verschiedene Epochen erkennen. Die ältesten Teile, die Deckengemälde in der Marienkapelle, stammen aus dem Mittelalter, die Krönungsstühle und die Kanzel über dem Grab von Olaus Petri aus dem späten Barock. Nicodemus Tessin d. J. entwarf sie, der aus Bremen stammende Künstler Burchardt Precht führte die Arbeiten aus.

Kostbare Kunstschätze sind auch der Silberaltar aus dem 17. Jh. und die große Gruppe *Der heilige Georg mit dem Drachen* (1489) aus Eichenholz und Elchgeweih, die der Lübecker Bildhauer Bernt Notke schuf. Einen aufmerksamen Blick lohnt außerdem das Gemälde *Vädersolstavlan* mit der ältesten Ansicht Stock-

holms. Dargestellt ist ein ganz besonderes Lichtphänomen mit sechs funkelnden Sonnenringen, das im April 1535 über Stockholm zu sehen war.

Die Storkyrkan war bis 1873 Krönungskirche der schwedischen Könige. 1976 gaben sich König Carl XVI. Gustaf und Königin Silvia in der Storkyrkan das Jawort. *Okt. bis Mitte Mai tgl. 9–16, Mitte Mai–Sept. tgl. 9–18 Uhr | Eintritt 25 SEK nur im Sommer, außer So | Trångsund 1 | www.stockholmsdomkyrkoforsamling. se | Bus 2, 43, 55, 71, 76: Slottsbacken | Grüne, rote Linie: Gamla Stan*

9 STORTORGET (GROSSMARKT) [120 C4]

Schon im frühen Mittelalter nutzten die Stockholmer diesen Platz als Markt; auch der Pranger stand damals darauf. 1520 fand hier das sogenannte Stockholmer Blutbad statt. Der dänische König Kristian II., der Schweden unter seine Krone zwingen wollte, ließ auf dem Platz 94 politische Gegner hinrichten. Die schönen Kaufmannshäuser am Platz haben einen mittelalterlichen Charakter, wurden aber mehrfach umgebaut. Ihre rot-gelben Steinfassaden stammen aus dem 17. Jh. und ersetzten 1625 nach einem Feuer die ur-

„Großmarkt" klingt nach Lärm und Hektik, doch am Stortorget geht's eher beschaulich zu

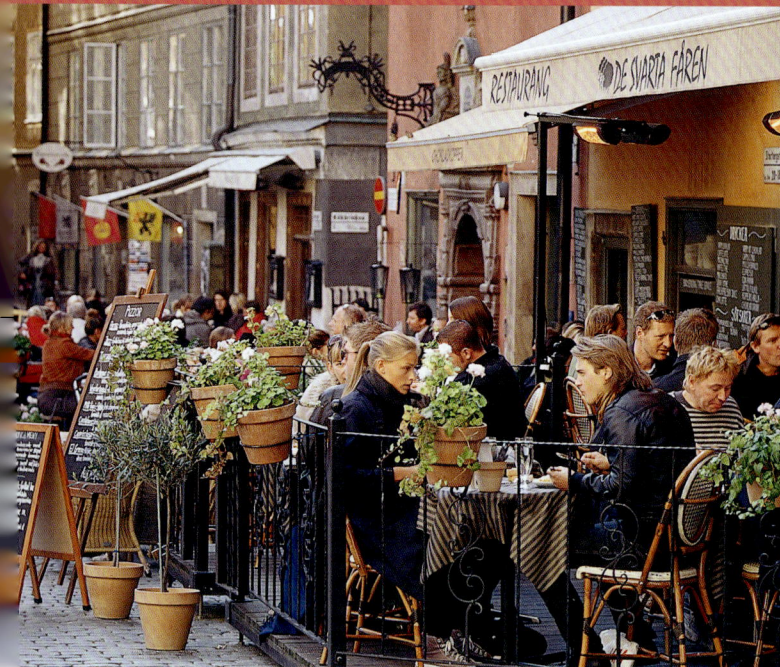

sprünglichen Häuser aus Holz. Viele haben noch mittelalterliche Gewölbekeller, in denen heute Cafés und Restaurants liegen. Im *Haus der Börse* (1778) residiert das Nobelmuseum. In der oberen Etage tagt regelmäßig die Schwedische Akademie, die den Literaturnobelpreisträger er-

schwedischen Hauptstadt und sorgten dafür, dass der kulturelle und wirtschaftliche Einfluss Deutschlands unverändert stark blieb. 1571 gründete sich die deutsche Gemeinde, die heute noch etwa 2000 Mitglieder hat. Das Interieur der Kirche ist im Stil der deutschen Spätre-

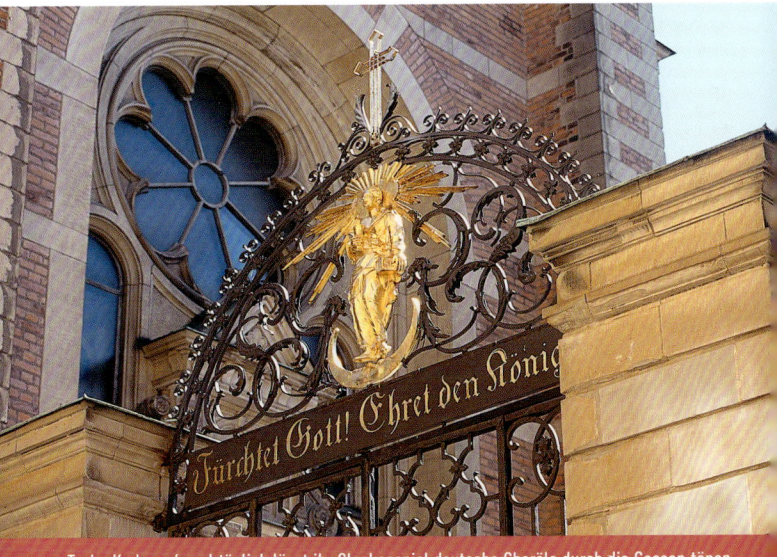

Tyska Kyrkan: 4-mal täglich lässt ihr Glockenspiel deutsche Choräle durch die Gassen tönen

nennt. *Bus 2, 43, 55, 71, 76: Slottsbacken | Grüne, rote Linie: Gamla Stan*

🔟 TYSKA KYRKAN (DEUTSCHE KIRCHE) [121 D4]

Mit der Hanse, die etwa von 1150 bis 1650 den Handel in der Ostseeregion kontrollierte, kamen viele deutsche Kaufleute, Handwerker und Künstler nach Stockholm. Sie blieben auch nach Ende der Hansezeit in der

naissance und des deutschen Barock gestaltet. Die Kanzel aus Ebenholz und Alabaster (1660) und die Empore (1660–65), bemalt mit 119 hauptsächlich biblischen Motiven, sind besonders sehenswert. Der 96 m hohe Kirchturm wurde nach einem Feuer 1878 nach Plänen des Berliner Architekten Julius Carl Raschdorff erneuert. 1923 wurde ein Glockenspiel eingebaut, das nach wie vor um 8, 12, 16 und 20 Uhr abwechselnd

> *www.marcopolo.de/stockholm*

die Choräle *Lobe den Herrn* und *Nun danket alle Gott* über den Straßen und Gassen der Altstadt erklingen lässt. 2004 bekam die Deutsche Kirche eine neue Orgel, einen Nachbau der alten Orgel aus dem 17. Jh. *Sa bis So 12–16, im Sommer tgl. 12–16 Uhr | Svartmangatan 16A | www.st-gertrud.se | Bus 2, 43, 55, 71, 76: Slottsbacken | Grüne, rote Linie: Gamla Stan*

ÖSTERMALM

➤ Bevor Östermalm (60 000 Ew.) Ende des 19. Jhs. bebaut wurde, lagen in dieser ländlichen Gegend die königlichen Viehställe. Arm und schmutzig war der Stadtteil, ehe die Stadtverwaltung das Gebiet baulich erschloss und ein rechtwinkliges Straßennetz anlegte. Breite Boulevards mit prächtigen Wohnhäusern entstanden, etwa Karlavägen, Valhallavägen oder Narvavägen, nicht zu vergessen Stockholms Paradestraße Nummer eins, der *Strandvägen.* Nur gut betuchte Stockholmer und Prominente können

sich hier eine Wohnung leisten. In Östermalm liegen auch das Botschaftsviertel, viele teure Hotels und Museen wie das Historische Museum oder das Musikmuseum sowie das hundert Jahre alte *Dramaten,* das Königliche Dramatische Theater. Das einstige Armenviertel avancierte zum teuren, edlen Stadtteil mit vielen exklusiven Geschäften, Einkaufspassagen wie der *Sturegallerian* und der historischen Markthalle *Östermalms saluhall.* Wenn Sie sich ins Nachtleben stürzen möchten, ist der ▶▶ *Stureplan* in Östermalm die beste Adresse, hier gibt es viele teure Bars, Clubs und Restaurants.

1 HISTORISKA MUSEET   [124 C5]
1000 Jahre schwedische Geschichte von der Steinzeit bis zum Mittelalter werden im Historischen Museum spannend präsentiert. Zum Beispiel: Wer und wie waren die Wikinger? Eine Ausstellung mit Waffen, Schmuck und Gebrauchsgegenständen gibt einen guten Einblick in das Leben und den Glauben der Nord-

➤ ENTSPANNEN & GENIESSEN
Mit Birkenöl und Lavastein: chillen wie die Samen

Seit 1885 residiert das *Sturebadet* am Stureplan mitten in Östermalm, die wunderschöne Inneneinrichtung im Jugendstil mit altnordischen und maurischen Zügen behielt man bei. Die elegante Wellness-Oase hat ein breites Angebot: Dampfsauna, Pool, Massagen, Thalasso- und Aromakuren, Schlamm- und Algenpackungen, luxuriöse Kosmetikbehandlungen mit Kaviar, nicht zu vergessen die exklusive Samezen-Behandlung (Wort-

mix aus Same, „Lappe", und Zen). Unterm Sternenhimmel eines Lappenzeltes können Sie sich bei lappländischer Musik ganz der Entspannung hingeben. Nach *body scrub* und Mineralbad gibt's eine Massage mit Birkenöl und warmen Lavasteinen. *Mo–Fr 6.30–22, Sa–So 9–19 Uhr | Tageskarte ab 400 SEK | Sturegallerian 36 | Tel. 54 50 15 00 | www.sturebadet. se | Bus 2, 55, 56: Stureplan | Rote Linie: Östermalmstorg*

männer (9.–11. Jh.). Auf gar keinen Fall verpassen sollten Sie den unterirdischen *Guldrummet* (Goldsaal) mit seinen kostbaren Gold- und Silberschätzen – 52 kg Gold und mehr als 200 kg Silber, als Schmuck, als Schalen, Pokale und Schreine. *Mai–Sept. tgl. 10–17, Okt.–April Di, Mi, Fr–So 11 bis 17, Do 11–20 Uhr | Eintritt 60 SEK, freier Eintritt Okt.–April Do 16 bis 20 Uhr | Narvavägen 13–17 | www.historiska.se | Bus 44, 56: Narvavägen, Bus 47, 69, 76: Djurgårdsbron | Rote Linie Richtung Ropsten: Karlaplan*

2 KUNGLIGA BIBLIOTEKET (KÖNIGLICHE BIBLIOTHEK) [124 A5]

Schwedens Nationalbibliothek liegt im Park Humlegården, den Gustaf II. Adolf 1619 anlegen ließ, um dort Hopfen anzupflanzen. Seit 1661 wird

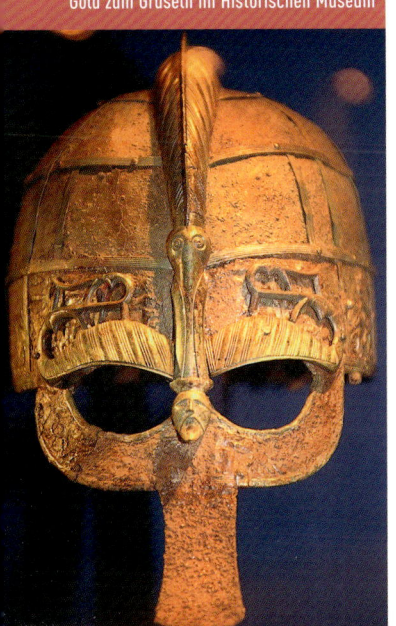

Gold zum Gruseln im Historischen Museum

hier von allem, was in Schweden und auf Schwedisch gedruckt wird, ein Exemplar aufbewahrt. Auch Bücher und Handschriften aus baltischen, deutschen, polnischen und dänischen Klöstern, Kirchen und Schlössern, kostbare Kriegsbeute, bilden einen Teil der Sammlung. Allein die schwedischen Druckerzeugnisse belaufen sich mittlerweile auf mehr als 3 Mio. Bücher und Zeitschriften, über 500 000 Poster, 300 000 Karten und 500 000 Bilder, insgesamt 98 Regalkilometer, zu denen pro Jahr 1 km hinzukommt. Das Material ist der Öffentlichkeit zugänglich. *Mitte Aug.–Anfang Juni Mo–Do 9–20, Fr 9–19, Sa 10–17 Uhr, Anfang Juni–Mitte Aug. Mo–Do 9–18, Fr 9–17, Sa 11–15 Uhr | Humlegården | www.kb.se | Bus 1, 2, 55, 56: Stureplan | Rote Linie: Östermalmstorg*

3 KUNGLIGA DRAMATISKA TEATERN (KÖNIGLICHES DRAMATISCHES THEATER) [121 D1]

Gegründet wurde das Königliche Theater schon im Jahr 1788 von Gustav III., am Nybroplan jedoch residiert das *Dramaten* erst seit Beginn des 20. Jhs. Der Architekt Fredrik Liljekvist ließ das Gebäude von 1901 bis 1908 im schönsten Wiener Jugendstil errichten. Die Außenfassade ist aus weißem Marmor, das prächtige Interieur mit großen Wand- und Deckengemälden, Skulpturen und Büsten geschmückt. Schauspielhaus und Ensemble genießen einen hervorragenden Ruf. Es werden Klassiker sowie moderne Stücke gegeben. *Nybroplan | www.dramaten.se | Bus 47, 62, 69, 76: Nybroplan | Rote Linie: Östermalmstorg*

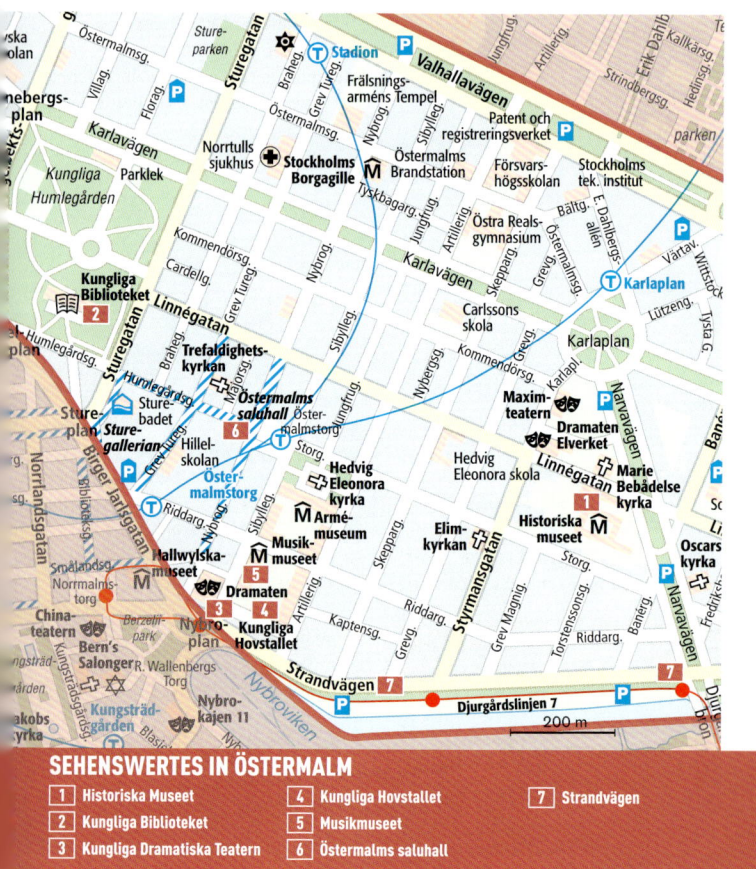

SEHENSWERTES IN ÖSTERMALM

- **1** Historiska Museet
- **2** Kungliga Biblioteket
- **3** Kungliga Dramatiska Teatern
- **4** Kungliga Hovstallet
- **5** Musikmuseet
- **6** Östermalms saluhall
- **7** Strandvägen

4 KUNGLIGA HOVSTALLET (MARSTALL) [121 E1]

Seit 1894 liegt der Marstall in dem großen roten Backsteinkomplex in Östermalm. Aufgabe des Marstalls ist der private und der offizielle Transport der Royals und des Hofstaats. Die Angestellten kümmern sich um den königlichen Fuhrpark mit 15 Autos und des Königs Kutsch-

und Reitpferde, 14 an der Zahl. Zwei Jahre lang lernen die schwedischen Halbblüter im Gespann zu gehen und den lauten Straßenverkehr zu ertragen. Täglich zwischen 8 und 11 Uhr bewegen Mitarbeiter die Tiere auf der Insel Djurgården. In der Garage werden die königlichen Autos gewaschen, poliert und unterhalten. Wertvollster Schatz des Marstalls sind die

prächtigen alten Kutschen wie etwa die Paradekutsche Karls XV., die der König 1859 erstand. Sie kommen heute noch bei Umzügen und offiziellen Antrittsbesuchen ausländischer Botschafter zum Einsatz. *Nur mit Führung, Mitte Jan.–Anf. Juni und Mitte Aug. bis Ende Nov. Sa–So 14, Mitte Juni–Mitte Aug. Mo–Fr 14 Uhr | Eintritt inkl. Führung 50 SEK | Väp-*

ältesten aus dem 17. Jh. stammen. *Di–So 12–17 Uhr | Eintritt 40 SEK | Sibyllegatan 2 | www.musikmuseet.se | Bus 47, 62, 69, 76: Nybroplan | Rote Linie: Östermalmstorg*

6 ÖSTERMALMS SALUHALL (ÖSTERMALMS MARKTHALLE) [124 B5]

Die Architekten Isak Gustaf Clason (1856–1930) und Kasper Salin

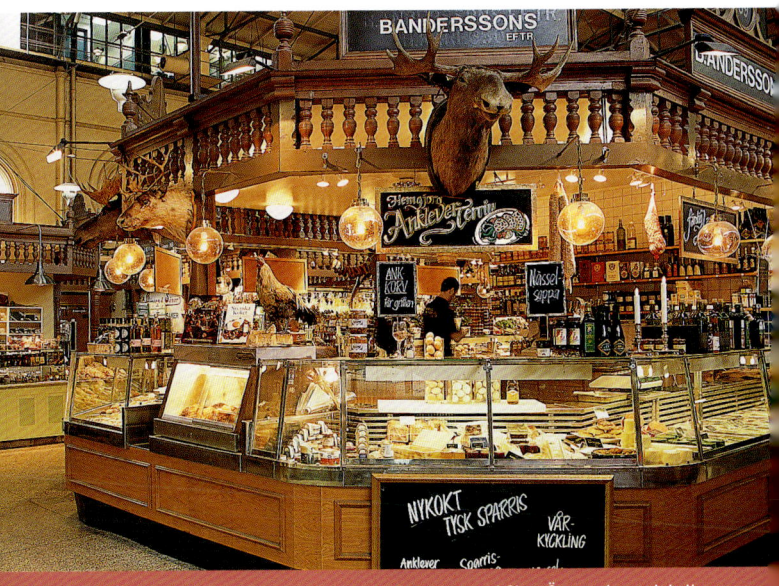

3000 m² Feinkost unterm Dach aus Backstein, Gusseisen und Glas: Östermalms saluhall

nargatan 1 | Östermalm | *www.royalcourt.se* | Bus 47, 62, 69, 76: Nybroplan | Rote Linie: Östermalmstorg

5 MUSIKMUSEET [121 E1]

Musik erleben, hören und selbst ausprobieren! Das alles können Sie im Musikmuseum mit seinen über 5000 Musikinstrumenten, von denen die

(1856–1919) ließen sich beim Bau dieser rund 3000 m² großen Markthalle von Backsteinarchitektur und neuartigen Gusseisenkonstruktionen inspirieren, die sie auf Reisen nach Deutschland, Frankreich und Italien gesehen hatten. In Anwesenheit König Oscars I. wurde die Halle, heute ein Spezialitätentempel, 1888 eröff-

net. *www.ostermalmshallen.se* | *Rote Linie: Östermalmstorg*

7 STRANDVÄGEN　　[124–125 B–D6]
Früher war er ein unbefahrbarer Feldweg mit verfallenen Häusern, dann wurde er – pünktlich zur schwedischen Industrieausstellung 1897 – zu einem Prachtboulevard ausgebaut. Reiche Großhändler beauftragten die besten Architekten mit dem Bau ihrer prunkvollen Villen. Heute gilt der 35 m breite Strandvägen, auf dem es sich wunderbar flanieren lässt, mit seinen drei Lindenreihen als Nobeladresse. Der Kai, an dem bis 1940 das Feuerholz angeliefert wurde, wurde erst kürzlich renoviert. Alte und moderne Boote dümpeln hier nebeneinander und verleihen dem Strandvägen ein maritimes Flair. *Bus 47, 62, 69, 76: Nybroplan | Rote Linie: Östermalmstorg*

SÖDERMALM & LÅNGHOLMEN

> **Steil aus dem Wasser erhebt sich *Söder* (110 000 Ew.), das ehemalige Arbeiter- und Handwerkerviertel Stockholms.** Etliche Mühlen, Brauereien, Färbereien, Ziegeleien und Webereien lagen hier einst. Heute machen moderne Galerien, Künstlerateliers, gemütliche Cafés, Kneipen und Restaurants, CD-Shops und Musiklokale den Charme Södermalms aus. Früher lebten hier Seemänner und Hafenarbeiter, heute ist Södermalm bevorzugtes Stadtviertel für Künstler, Schauspieler und Musiker. Besonders angesagt: das trendige ▶▶ Viertel Sofo *(South of Folkungagatan | www.sofo.se)* mit

schrillen Geschäften und Secondhandshops. Im Gegensatz zum nobleren, kühleren Stadtteil Östermalm ist hier alles etwas alternativer, hipper, lebendiger. Lauschige Plätze wie der *Mariatorget, Mosebacke torg* oder der winzige Park *Glasbruksklippan* sind ideal für eine kurze Ruhepause. Einen tollen Blick auf Gamla Stan bieten die Hügel von Södermalm, etwa der ☀ Mariaberget mit dem Monteliusvägen.

Architektonisch ist diese Insel ein spannender Mix aus Neuem und Altem: Schön renovierte und heute unter Denkmalschutz stehende Holzhäuser aus dem 17. und 18. Jh. etwa am Vita Bergen finden Sie hier ebenso wie moderne, nüchterne Wohnblocks rund um den Bahnhof Södra Station.

Zwei Brücken führen auf die nordwestlich von Södermalm gelegene Insel Långholmen. Bis 1975 lag hier das Stockholmer Gefängnis; heute sind Teile des alten Komplexes abgerissen, die übrigen Gebäude teilen sich ein Hotel, eine Jugendherberge und ein Restaurant. Im ehemaligen Gefängnishof liegt ein Café. Um die grüne Insel, die 1380 m lang und 405 m breit ist, führt ein ☀ Wanderweg. Er bietet Ihnen einen phantastischen Blick auf Riddarfjärden, die östlichste Bucht des Mälarsees. Im Sommer ist Långholmen ein beliebtes Ausflugsziel der Stockholmer, die hier baden und picknicken.

1 ALMGRENS SIDENVÄVERI (ALMGRENS SEIDENWEBEREI)　　[128 A3]
Die alte Seidenweberei von 1833 ist heute ein Museum. Der Betrieb des einstigen königlichen Hoflieferanten

wurde zwar schon 1974 geschlossen, doch die Maschinen funktionieren nach wie vor, und so werden hier heute weiterhin kleine Mengen handgewebter Stoffe aus chinesischer Seide nach Originalmustern auf den alten Webstühlen produziert.

Insider Tipp

Besucher können **beim Weben zuschauen** und im Museumsshop Seidenstoffe, Krawatten, Schals und Halstücher kaufen. *Mo–Fr 10–16, Sa–So 11–15 Uhr, Führungen Mo, Mi, Sa, So 13, Mo auch 18 Uhr | Eintritt 65 SEK | Repslagargatan 15 A | www.kasiden.se | Bus 2, 3, 43, 53, 55, 59, 71, 76: Slussen | Grüne, rote Linie: Slussen*

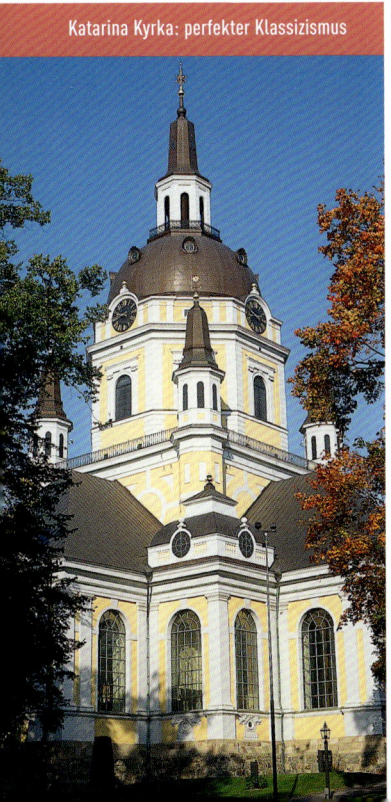
Katarina Kyrka: perfekter Klassizismus

2 FJÄLLGATAN ❄ [128 C3]

Inside Tipp

Eine der schönsten Straßen Södermalms auf dem Stigberget mit phantastischem Blick auf Stockholm. In der pittoresken Straße und den umliegenden Gassen stehen malerische Holzhäuser aus dem 18. und 19. Jh. Hier genießen Sie die Aussicht am besten bei einem leckeren Eis in *Fjällgatans Kaffestuga (Fjällgatan 37 | Bus 2, 3, 53, 71, 76: Tjärhovsplan | Grüne, rote Linie: Slussen).*

3 KATARINAHISSEN (KATARINALIFT) ❄ [121 D6]

Bequem und schnell überwinden Sie die 38 m Höhenunterschied vom Platz rund um *Slussen* zum *Mosebacke torg* mit diesem Aufzug. Oben angekommen, bietet sich eine tolle Aussicht auf die Stadt. Bei der Einweihung 1883 betrieb Dampf den Lift, seit 1915 versorgt Strom den Motor. 1933 wurde der Originallift abgerissen und später der heutige Aufzug an derselben Stelle eingerichtet. *Sept.–Mitte Mai tgl. 10–18, Mitte Mai–Aug. tgl. 8–22 Uhr | 10 SEK | Stadsgården | Bus 2, 3, 43, 53, 55, 71, 76: Slussen | Grüne, rote Linie: Slussen*

4 KATARINA KYRKA (KATARINA-KIRCHE) [128 B3]

Jean de la Vallée entwarf diese Kirche mit klassizistischer Fassade, die 1695 vollendet war. Zwei Mal brannte sie ab (1723 und 1990). Nach dem letzten Brand achtete man auf einen strengen, originalgetreuen Wiederaufbau, bei dem auch die alten Bautechniken angewendet wurden. Kosten: fast 300 Mio. Kronen, die zum Teil aus Spendengeldern fi-

SEHENSWERTES

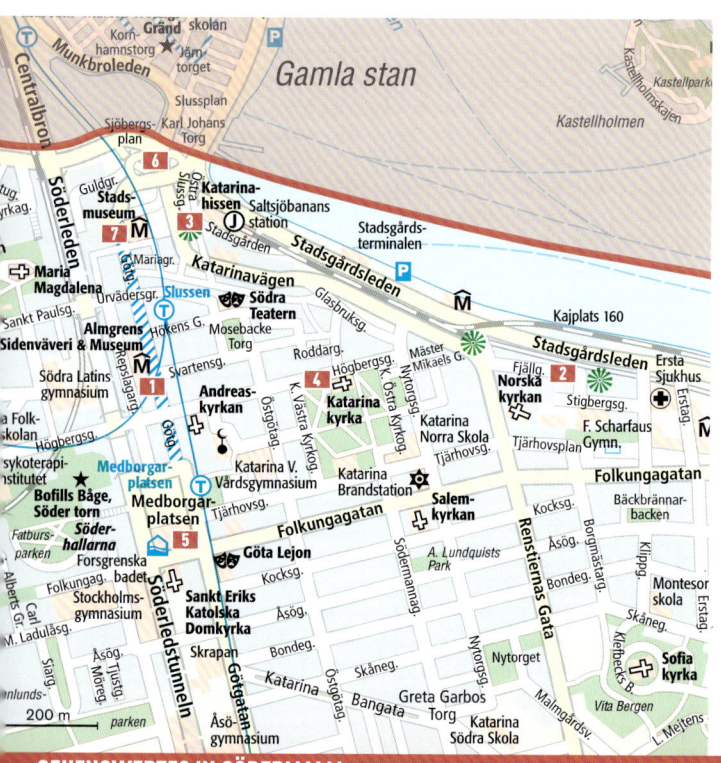

nanziert wurden. 1995 wurde die neue Kirche geweiht. Auf dem Friedhof liegt die frühere schwedische Außenministerin Anna Lindh begraben, die 2003 bei einem Attentat im Kaufhaus NK ums Leben kam. *Okt.–März Di–Fr 11–17, Sa–So 10–17, April bis Sept. auch Mo 11–17 Uhr | Högbergsgatan 15 | Bus 2, 3, 53, 71, 76: Tjärhovsplan | Grüne, rote Linie: Slussen*

5 MEDBORGARPLATSEN UND MEDBORGARHUSET (BÜRGERPLATZ UND BÜRGERHAUS) ▶▶

[128 B4]

An der Götgatan liegt dieser Platz mit seinen beliebten Cafés, wo sich die Stockholmer im Sommer gern unter freiem Himmel auf ein Bier treffen. Das Medborgarhuset wurde 1939 im funktionalistischen Stil gebaut und

beherbergt unter anderem eine Schwimmhalle und eine Bibliothek. Vor dem Gebäude erinnert ein *Denkmal* an die schwedische Außenministerin Anna Lindh, die hier einen Tag vor ihrem Tod ihre letzte öffentliche Rede hielt. *Bus 59, 66: Medborgarplatsen | Grüne Linie: Medborgarplatsen*

6 SLUSSEN (SCHLEUSE)   [121 D5]

Kleeblättriger Verkehrsknotenpunkt mit U-Bahnstation, Busterminal und Straßenkreuzungen zwischen Gamla Stan und Södermalm, der seinen Namen von der Schleuse bekam, die an dieser Stelle die Ostsee mit dem Mälarsee verbindet. Der desolate Zustand des 1935 gebauten Verkehrskreisels und seine dringend notwendige Renovierung führten zu heftigen Diskussionen über die Zukunft von Slussen *(eigentlich Karl-Johansslussen)*. Ein Neubau der Anlage ist ab 2012 geplant. In der Zwischenzeit investiert das Stockholmer Straßenbauamt jährlich 2 bis 5 Mio. Kronen für die Instandhaltung des maroden Verkehrsknotenpunkts. *Bus 2, 3, 43, 53, 55, 71, 76: Slussen | Grüne, rote Linie: Slussen*

7 STOCKHOLMS STADSMUSEUM   [121 D6]

Die komplexe Geschichte Stockholms von ihren Anfängen bis zur Gegenwart und die bedeutendsten Phasen der Stadtentwicklung dokumentiert das Stadtmuseum in verschiedenen Ausstellungen spannend und anschaulich: zum Beispiel das Stockholmer Blutbad von 1520, die Industrialisierung der Stadt und ihre Expansion im 20. Jh. Kostbarstes Exponat ist der *Loheschatz* mit 18 000 Silbermünzen und -waren, der 1937 bei Bauarbeiten in Gamla Stan gefunden wurde. *Di, Mi, Fr–So 11–17, Do 11–20 Uhr | Eintritt frei | Ryssgården |* www.stads museum.stockholm.se *| Bus 2, 3, 43, 53, 55, 71, 76: Slussen | Grüne, rote Linie: Slussen*

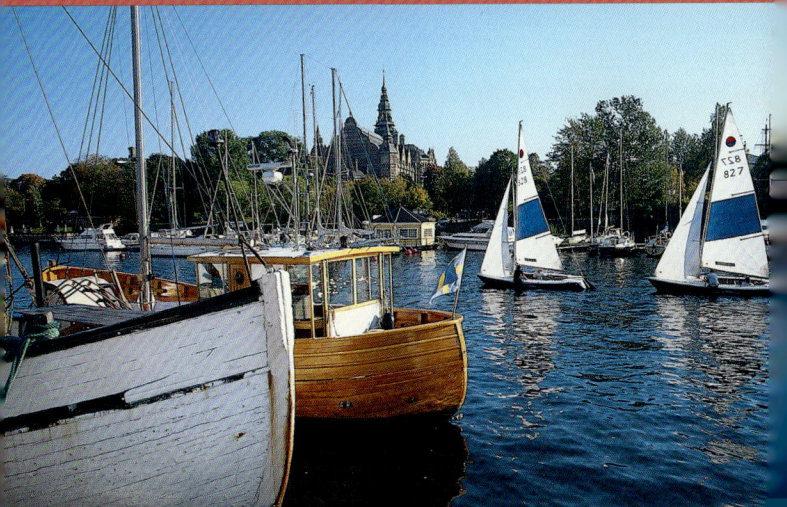

Naherholung ist bei Djurgården ganz wörtlich zu nehmen: Die Insel liegt in Sichtweite der City

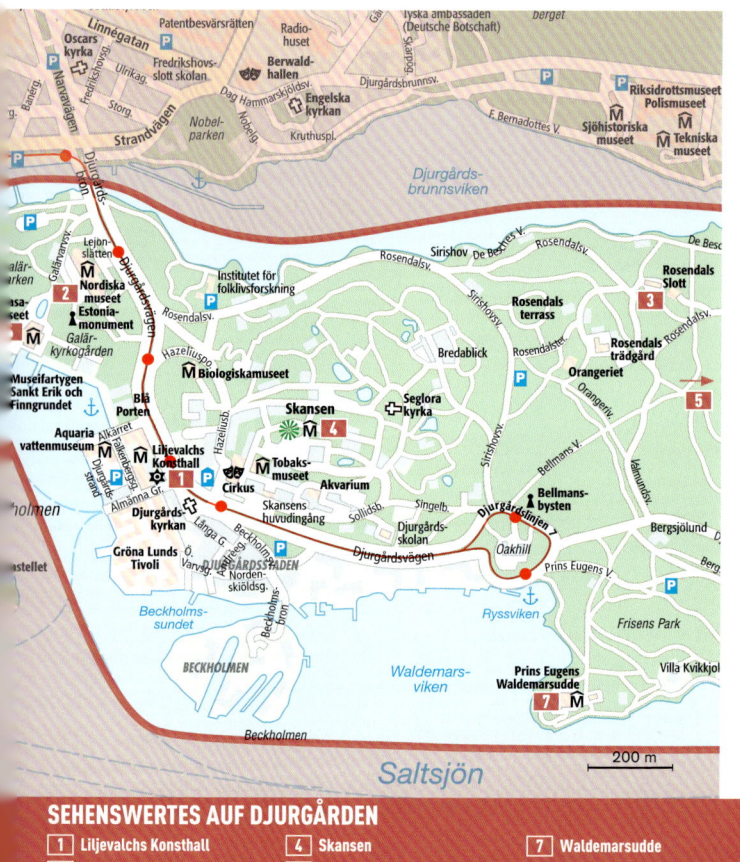

SEHENSWERTES AUF DJURGÅRDEN

1 Liljevalchs Konsthall
2 Nordiska Museet
3 Rosendals Slott
4 Skansen
5 Thielska Galleriet
6 Vasa
7 Waldemarsudde

DJURGÅRDEN

> Die grüne Oase Stockholms, in der rund 800 Menschen leben, war einst königliches Jagdrevier, in dem Schwedens Herrscher Rotwild und Elche jagten. Im Lauf des 18. Jhs. entwickelte sich das 2,8 km² große Gelände zum Naherholungsgebiet mit Wiesen und Wäldern, wo die Stockholmer gerne Rad fahren, picknicken und spazieren gehen. Seit 1995 gehören große Teile der Insel zum 27 km² großen *Ekoparken,* der außerdem die königlichen Parks Haga und Ulriksdal mit einschließt. Er ist der einzige Natio-

nalpark der Welt in Citylage. Auch viele Museen und Galerien befinden sich auf Djurgården: das Vasamuseum, das Nordische Museum, das Freilichtmuseum Skansen und Waldemarsudde, die Villa des Malerprinzen Eugen. Neben Cafés und Restaurants liegen auch Schwedens ältester Vergnügungspark, Gröna Lund, und Junibacken hier, wo Sie Figuren aus Astrid Lindgrens Büchern begegnen können. Djurgården ist das ganze Jahr über auch mit der Stadtfähre ab Slussen *(www.waxholmsbolaget.se)* und im Sommer mit der alten Straßenbahn ab Norrmalmstorg zu erreichen *(April–Mitte Mai, Sept.–Dez. Sa bis So, Mitte Mai–Aug. tgl. 10.40–18 Uhr, meist alle 10–12 Min. | 30 SEK hin und zurück | www.ss.se | Bus: 47, 55, 62, 69, 71, 76: Norrmalmstorg | Rote Linie: Östermalmstorg).*

1 LILJEVALCHS KONSTHALL [129 D1]

Einen ausgezeichneten Überblick über schwedische und internationale zeitgenössische Kunst bietet die Kunsthalle Liljevalch von 1916. Sehr populär bei den Stockholmern: die jährliche Frühjahrsausstellung **Insider Tipp** Vårsalongen. *Mi, Fr–So 11–17, Di, Do 11–20 Uhr | Eintritt 70 SEK | Djurgårdsvägen 60 | www.liljevalchs. com | Bus 44, 47: Konsthallen | Rote Linie Richtung Ropsten: Karlaplan*

2 NORDISKA MUSEET [125 D6]

Eine monumentale Statue des Königs Gustav I. Wasa aus bemalter und vergoldeter Eiche empfängt die Besucher in der riesigen Haupthalle des Nordischen Museums, das sich ganz der nationalen Kulturgeschichte widmet. 1907 im nationalromantischen Stil erbaut, präsentiert es schwedisches Alltagsleben, Feste und Traditionen – von 1520 bis heute. Möbel, Kinderspielzeug, Schmuck, Kleidung und Gebrauchsgegenstände sind hier zu sehen. Besonders interessant: die Ausstellung über die Sami (Lappen), ihr Leben, ihre Geschichte und ihre Identität. *Mo, Di, Do, Fr 10–16, Mi 10–20, Sa–So 11–17 Uhr | Djurgårdsvägen 6–16 | Eintritt 60 SEK, Mi 16–20 Uhr gratis | www.nordiskamuseet.se | Bus 44, 47: Nordiska Museet | Rote Linie Richtung Ropsten: Karlaplan*

3 ROSENDALS SLOTT (SCHLOSS ROSENDAL) [129 F1]

Karl XIV. Johann, Begründer der Bernadotte-Dynastie, zu der die heutige Königsfamilie gehört, ließ das Lustschloss als Sommersitz für seine Frau Desideria bauen. Als Désirée Clary war sie zwei Jahre lang die Verlobte Napoleons gewesen, bis dieser die Verbindung auflöste und Josephine de Beauharnais heiratete. Ihr gehörte Schloss Malmaison, das Rosendal als Vorbild diente. In den 1820er-Jahren im Empirestil errichtet, ist Rosendal eines der ersten Fertighäuser Schwedens. Das Interieur ist original erhalten. Wunderschön: der *Rote Salon* mit rot plissierter Seide an den Wänden und rotem Damast auf den Sitzmöbeln. *Nur mit Führung, Juni–Aug. Di–So 12, 13, 14, 15 Uhr | Eintritt 60 SEK | Rosendalsvägen 49 | www.royalcourt.se | Bus 47: Waldemarsudde, ab dort ausgeschildert*

4 SKANSEN ⭐ [129 E1]

Um die alte Volkskultur der niedergehenden Bauerngesellschaft zu retten,

gründete Arthur Hazelius 1891 Skansen, das älteste Freilichtmuseum der Welt. Er ließ rund 150 typische Bauernhäuser und Herrenhöfe inklusive Möbeln, Haushaltsgegenständen und Trachten aus ganz Schweden zusam-

==Besuch der Gehege im Mai oder Juni,== wenn die Jungtiere auf die Welt kommen. Im Sommer werden in diesem riesigen, grünen Park mit hohen Bäumen und duftenden Bauernblumen zahlreiche Feste mit Volksmusik

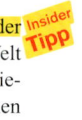
Insider Tipp

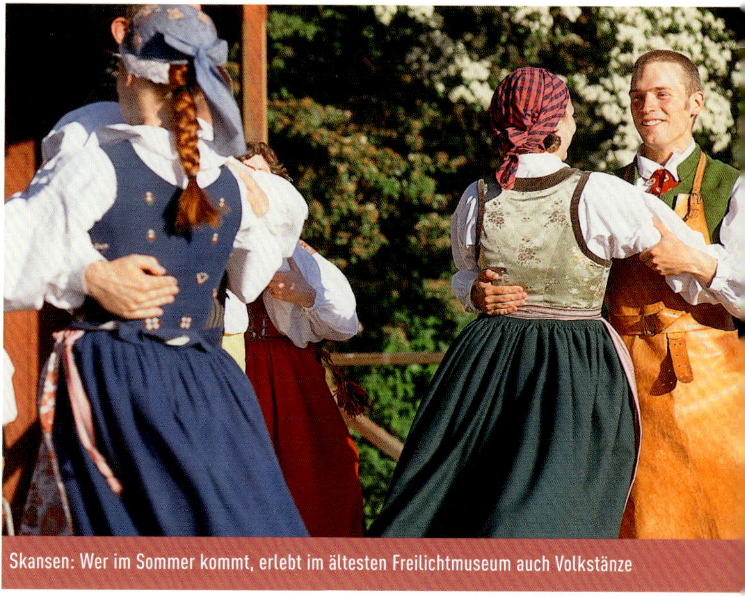

Skansen: Wer im Sommer kommt, erlebt im ältesten Freilichtmuseum auch Volkstänze

mentragen und auf dem Gelände auf Djurgården wieder aufbauen.

Besonders sehenswert ist die *Seglora-Holzkirche,* die um 1730 in Westschweden gebaut wurde und in der heute Trauungen abgehalten werden. Auch eine *kleine Stadt* aus dem 19. Jh. mit Holzhäusern und Handwerksbetrieben wie Bäckerei, Buchdruckerei und Glasbläserei wurde angelegt. Eine weitere Attraktion ist das Wildgehege mit typisch nordischen Tieren wie Bären, Elchen und Rentieren. Besonders lohnend ist ein

und Volkstänzen veranstaltet. *Park und Gelände: Okt.–April Mo–Fr 10 bis 15, Sa–So 10–16, Mai und Sept. tgl. 10–20, Juni–Aug. tgl. 10–22 Uhr; Häuser: Mai–Sept. tgl. 11–17 Uhr | Eintritt ab 65 SEK, im Sommer ab 100 SEK | Djurgården |* www.skansen.se *| Bus 44, 47: Skansen | Rote Linie Richtung Ropsten: Karlaplan*

5 THIELSKA GALLERIET [0]

Eine umfangreiche Sammlung nordischer Kunst aus der Zeit um 1900 wird in der Villa des früheren Ban-

kiers und großen Kunstsammlers Ernest Thiel präsentiert, darunter etwa Gemälde von Carl Larsson, Edvard Munch und Anders Zorn. *Mo bis Sa 12–16, So 13–16 Uhr | Sjötullsbacken 8 | Eintritt 50 SEK | www.thielska-galleriet.se | Bus 69: Thielska Galleriet*

6 VASA ⭐   [128–129 C–D1]

Im 17. Jh. war Schweden eine Großmacht im Ostseeraum. Während des Dreißigjährigen Kriegs (1618–48) gab König Gustav II. Adolf aus dem Herrschergeschlecht Wasa den Auftrag für den Bau eines stattlichen Kriegsschiffs, das die Welt noch nicht gesehen hatte. Mit diesem gigantischen Projekt hoffte der König die schwedischen Interessen gegen Polen wahren zu können, mit dem sich das Land seit 1600 im Krieg befand.

Geplant war ein riesiges Schiff, das über 64 Kanonen haben sollte, mit 300 Soldaten und 145 Seeleuten segeln und Seegefechte mit Artillerie führen konnte. Darüber hinaus sollte die Vasa Macht demonstrieren und dem Feind ordentlich Furcht einflößen – die imposanten Löwenköpfe und rund 500 bunt bemalte antike Kaiser und Götter, Seejungfrauen und Krieger, Engel und Teufel aus Eichen-, Kiefern- und Lindenholz sollten dafür sorgen. Doch dazu kam es niemals. 1628 sank das 53 m hohe und 69 m lange königliche Kriegs-

> BLOGS & PODCASTS
Gute Tagebücher und Files im Internet

> *www.fiket.de* – Blog über und aus Schweden eines deutschen Doktoranden der Astronomie an der Universität Uppsala. Er schreibt über Lebensweisen, Unterschiede im Alltagsleben und in der Mentalität, aber auch über tagesaktuelle Ereignisse.

> *www.willyweb.ch/blog* – Ein Schweizer und eine Schwedin steuern ihre Familie unterhaltsam durch die Wirren ihrer verschiedenen Sprachen und Kulturen.

> *www.blog.auswandern-schweden. com* – Blog einer ausgewanderten deutschen Buchhändlerin, der sich besonders den Mentalitätsunterschieden zwischen Schweden und Deutschen widmet.

> *http://aufnachschweden.blogspot. com* – Informativ-unterhaltsamer Blog zweier Deutscher, die es beruflich nach Stockholm verschlagen hat. Anekdoten rund ums schwedische Alltagsleben.

> *http://devblog.visitsweden.com* – Blog der „online community of Sweden" des Schwedischen Touristenverbands mit Infos, Reiseerfahrungen, Fotos. Hier tauschen sich Schwedenfans und Schwedenkenner mit denen aus, die es werden möchten.

> *www.sr.se/Podradio/xml/sri_tyska. xml* – Alles, was in Schweden wichtig ist: Nachrichten und Infos aus Politik, Wirtschaft, Gesellschaft und Kultur von Radio Schweden auf Deutsch.

Für den Inhalt der Blogs & Podcasts übernimmt die MARCO POLO Redaktion keine Verantwortung.

schiff der Schweden wegen eines Konstruktionsfehlers bereits auf seiner Jungfernfahrt im Stockholmer Hafen.

Erst 333 Jahre später, 1961, wurde das Schiff geborgen, sorgfältig konserviert, restauriert und ein eigenes Museum dafür gebaut. Ein ständiges Problem der Restauratoren bleiben allerdings die 2,5 t Schwefel, die sich im Holz der Vasa gebildet haben. Der Schwefel oxidiert zu Schwefelsäure, wenn er mit dem Sauerstoff in der Luft und mit Wasser in Berührung kommt und greift das Holz an. Dieser Prozess wird durch das Eisen der etwa 5500 Bolzen zusätzlich beschleunigt.

Ein Erlebnis ist das Vasa-Museum schon beim Eintreten: In einer riesigen Halle erhebt sich das imposante Kriegsschiff aus der Dunkelheit. Auf drei Galerien, die den Originalrumpf der Vasa umgeben, sind verschiedene Ausstellungen mit Exponaten zum Bau, zur Geschichte und zur Bergung des Schiffs sowie zum Leben an Bord zu sehen. Ein Film informiert über die äußerst komplizierte Bergung und Restaurierung. *Sept.–Mai Do–Di 10–17, Mi 10–20, Juni–Aug. tgl. 8.30–18 Uhr | Eintritt 95 SEK | Galärvarvsvägen 14 | www.vasamu seet.se | Bus 44, 47: Vasamuseet | Rote Linie Richtung Ropsten: Karla plan*

7 WALDEMARSUDDE ⭐ **[129 F2]**

Direkt am Wasser, umgeben von einem großen Park, liegt diese stattliche Jugendstilvilla (1905) des Prinzen Eugen (1865–1947), einer der führenden Landschaftsmaler um 1900. Der jüngste Sohn des schwedi-

Waldemarsudde: So schön wohnte der Malerprinz

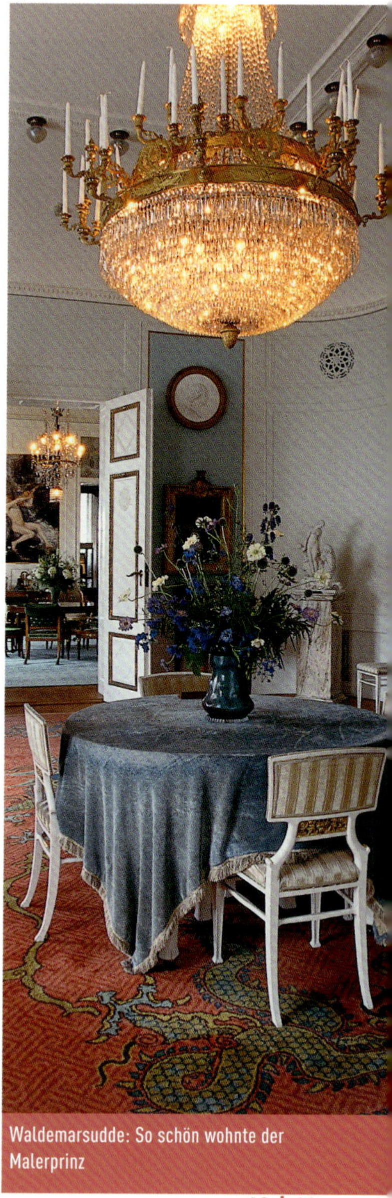

schen Königs Oscar II. und Urenkel Jean Baptiste Bernadottes (König Karl XIV. Johan) war auch ein großer Kunstmäzen, der nicht nur Künstler finanziell unterstützte, sondern sich auch für neue Wege in der Kunst einsetzte.

Etwa 2500 Werke aus dem frühen 20. Jh. wie Gemälde, Skulpturen und Zeichnungen gehören zu der Sammlung des Prinzen, die heute in Staatsbesitz ist. Fast alle namhaften Künstler seiner Zeit, meist Schweden, sind vertreten, z. B. Karl Nordström, Ernst Josephsson oder Ivan Aguéli. Zu sehen sind auch drei der berühmtesten Bilder des Prinzen selbst: *Frühling* (1891), *Das alte Schloss* (1893) und *Die Wolke* (1896). *Di, Mi, Fr–So 11–17, Do 11–20 Uhr | Eintritt 85 SEK | Prins Eugens väg 6 | www.waldemarsudde.se | Bus 47: Waldemarsudde*

IN ANDEREN VIERTELN

BIRKA   [130 C3]

Vom 8. bis 10. Jh. war Birka auf der Insel Björkö im Mälarsee wichtiges Handelszentrum der Wikinger. In vielen Gräbern auf der Insel machte man kostbare Funde. Das *Birkamuseet* präsentiert die Wikingersiedlung an Hand von Modellen und dokumentiert das Alltagsleben der wilden Nordländer. Björkö, das etwa 30 km westlich von Stockholm liegt, zählt seit 1993 zum Weltkulturerbe der

Versailles lässt schön grüßen: Drottningholms barocke Schloss- und Parkanlage

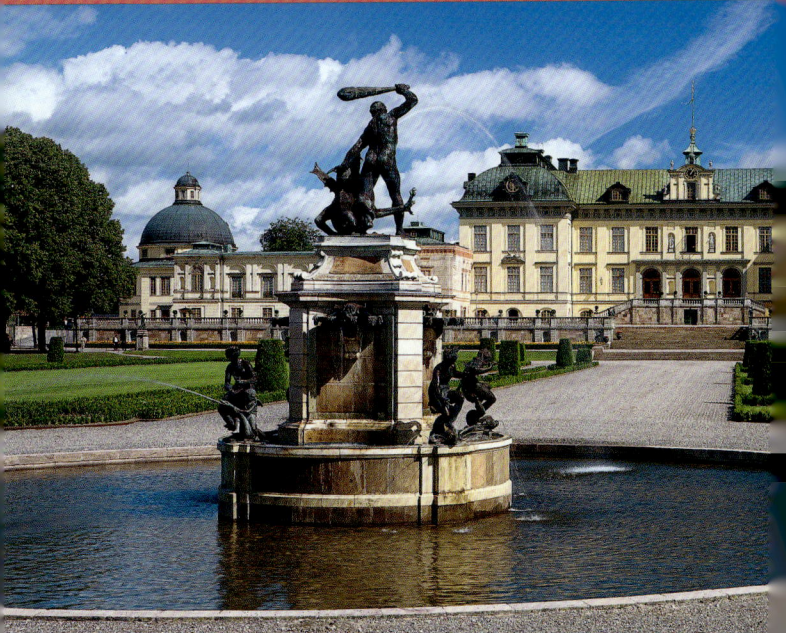

Unesco und ist nur mit dem Schiff zu erreichen *(Mai–Anf. Sept. tgl. 9.30 Uhr | Rückfahrticket inkl. Museum SEK 270 | ab Stadshusbron | www. raa.se/birka, www.strommakanalbo laget.com)*.

DROTTNINGHOLM ★ [131 D3]

Mitten im Grünen, gut 10 km außerhalb von Stockholm, residiert seit 1981 die schwedische Königsfamilie im Südflügel dieses Schlosses. Nicodemus Tessin d. Ä. ließ die barocke Schlossanlage 1662 bis 1700 nach dem Vorbild von Versailles erbauen. Seit 1991 gehört sie zum Unesco-Weltkulturerbe. Eines der Glanzstücke Drottningholms ist das Treppenhaus mit italienischem Stuckdekor, großen Marmorstatuen und Male-

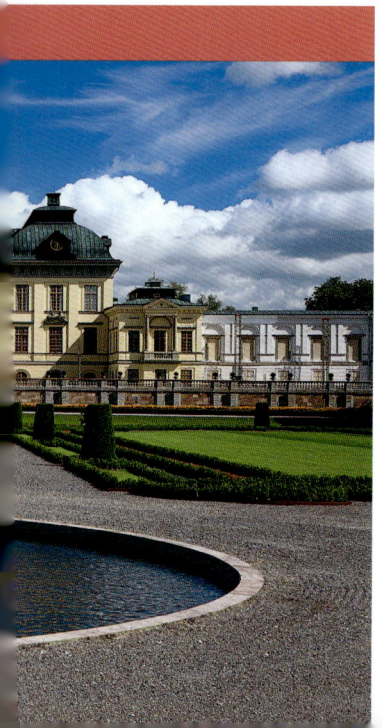

reien von Hofmaler David Klöcker Ehrenstrahl (1628–98). Besonders prunkvoll ist auch das Paradeschlafzimmer der Königin Hedwig Eleonora (1636–1715).

Zum Schloss gehört ein riesiger Park mit einer Kaskadenanlage, der in einen symmetrisch angelegten französischen und einen naturromantischen englischen Teil gegliedert ist. Am Ende des Parks liegt *Kina Slott*, ein chinesischer Pavillon mit Pagodendach, Lackmöbeln und Seidentapeten, der 1753 errichtet wurde und als Lustschloss diente. Sehr sehenswert ist außerdem das einzigartige *Schlosstheater* (1766) mit seiner ausgesprochen raffinierten Bühnentechnik. Noch heute gibt es hier Opern- und Theateraufführungen zu sehen. *Okt.–April Sa–So 12 bis 15.30, Mai–Aug. tgl. 10–16.30, Sept. tgl. 12–15.30 Uhr, Führungen (auch auf Englisch): Mai Sa–So 10, 12, 14, 16, Juni–Aug. tgl. 10, 12, 14, 16, Sept. tgl. 12, 14, Okt.–April Sa–So 12, 14 Uhr | Eintritt 70 SEK inkl. Führung | Lovön | www.royalcourt.se | Grüne Linie: Brommaplan, dann Bus 176, 177, 323, 338 nach Drottningholm | Schiff ab Stadshusbron am Stadshuset (Mai–Okt. | hin und zurück 140 SEK | www.strommaka nalbolaget.com)*

GLOBEN [0]

Stockholms wichtigste Arena für Sportveranstaltungen, Shows und Konzerte im Süden Stockholms gilt als das größte kugelförmige Gebäude der Welt. Mit einem Durchmesser von 110 m und einer Höhe von 85 m ist die Silhouette des Globen schon von Weitem zu sehen, abends wird er

oft in bunten Farben angestrahlt. Die weiße, futuristische Halle aus Beton, Stahl und Glas mit ihrer knallroten Inneneinrichtung fasst rund 16 000

englische Landschaftsgarten verbindet Natur mit Kultur. Ungewöhnliche Gebäude mit Einflüssen aus der Antike, Italien und China liegen im Park

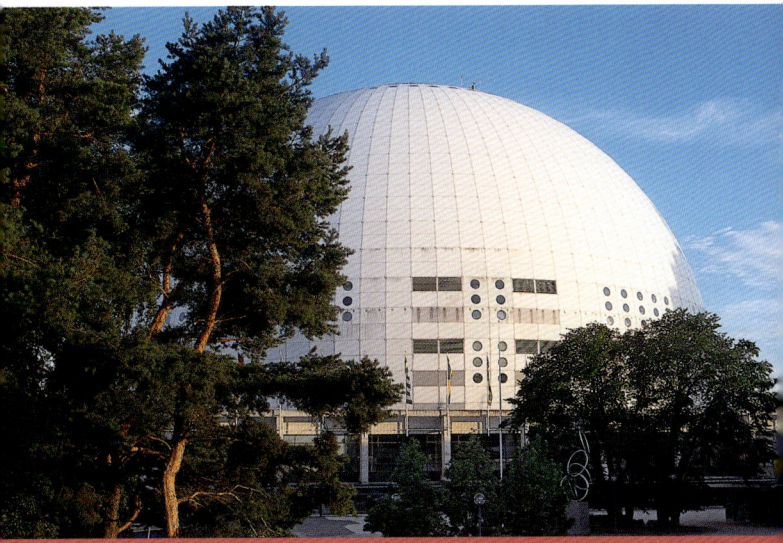

Weiß, kugelrund und abends bunt beleuchtet: Stockholms Sport- und Konzerthalle Globen

Zuschauer und wurde 1989 eingeweiht. Seitdem werden in der Nationalarena die verschiedensten Meisterschaften u. a. im Eishockey, Handball und Tennis ausgetragen sowie Konzerte von Musikgrößen wie den Rolling Stones veranstaltet. *Globentorget 2 | Johanneshov | www.globe arenas.se | Grüne Linie Richtung Hagsätra: Globen*

HAGAPARKEN [122–123 C–D1]
Gustav III. ließ diesen wildromantischen Park Mitte des 18. Jhs. anlegen. Er ist heute Teil des *Ekoparken,* des Stockholmer Nationalparks. Der

verstreut: die blau-goldenen *Kupferzelte* (1787), die früher als Ställe dienten und heute ein Café und das *Haga Park Museum* beherbergen, der *Ekotempel,* der an Sommertagen als königlicher Speisesaal genutzt wurde, das *Haga Slott* (1802–04), in dem der jetzige König Carl XVI. Gustaf aufwuchs, die *Chinesische Pagode,* Ausdruck der damaligen Chinamode, und der *Pavillon Gustav III.* (1787) mit prächtigem Spiegelsaal und weiß-goldenem Interieur, dessen schlichte Eleganz den typischen Gustavianischen Stil prägte. *Pavillon nur mit Führung (auch auf*

Englisch) Juni–Aug. Di–So 12, 13, 14, 15 Uhr | Eintritt 60 SEK inkl. Führung | www.royalcourt.se | ab Odenplan mit Bus 515: Haga Norra, dann Spaziergang ca. 750 m

KAKNÄSTORNET 🌿 [0]

Der Funk- und Fernsehturm und zentrale Sendemast für ganz Schweden (1967) ist mit 155 m Stockholms höchstes Bauwerk und bietet einen spektakulären Blick auf die Stadt. Café und Restaurant. Lift. *Jan.–Mai tgl. 10–21, So 10–18, Juni–Aug. tgl. 9–22, Sept.–Dez. tgl. 10–21 Uhr | Lift 35 SEK | Mörka Kroken 28–30 | www.kaknastornet.se | Bus 69: Kaknästornet*

MILLESGÅRDEN [131 D3]

Carl Milles (1875–1955), einer der bedeutendsten Bildhauer Schwedens, baute sich 1908 auf einer Klippe auf der Insel Lidingö ein Wohnhaus mit Atelier. Dort können Sie heute seine eigene Sammlung antiker Plastiken und Entwürfe seiner Arbeit anschauen. Der 🌿 Garten mit spektakulärem Blick aufs Wasser ist in Terrassen angelegt, auf 18 000 m² verteilen sich Skulpturen, größtenteils Repliken seiner eigenen Werke. Milles' Springbrunnen und seine Monumentalplastiken sind in vielen Orten Schwedens anzutreffen, ein schönes Beispiel ist die Bronzefigur *Gott Vater* auf dem Himmelsbogen in Nacka bei Stockholm. In der Kunsthalle des Millesgården wird regelmäßig zeitgenössische Kunst ausgestellt. *Mitte Mai–Sept. tgl. 11–17, Okt.–Mitte Mai Di–So 12–17 Uhr | Eintritt 80 SEK | Herserudsvägen 32 | www.millesgarden.se | Rote Linie: Ropsten, dann Bus 203, 207 Richtung Torsvik*

MODERNA MUSEET ⭐ [121 F4]

Auf 5000 m² präsentiert das Moderne Museum eine phantastische Sammlung schwedischer und internationaler Kunst, darunter bedeutende Werke von Robert Rauschenberg, Pablo Picasso, Henri Matisse, Nils von Dardel und Sigrid Hjertén. Das Gebäude entwarf der spanische Architekt Rafael Moneo anlässlich des Kulturhauptstadtjahres 1998. *Di 10 bis 20, Mi–So 10–18 Uhr | Eintritt*

❯ RICHTIG FIT!

Mit Kanu, Kajak oder Tretboot rund um Djurgården

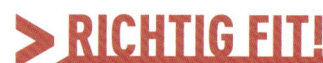

Reizvolle Buchten, schmale Kanäle, kleine und große Inseln: Stockholms Gewässer sind ein echtes Kanuparadies. Vom Paddeln entlang der Schiffskais mitten in der Stadt bis zu Ausflügen in die Schären oder auf den Mälarsee können Sie hier ganz aktiv Wassersport betreiben. Zum Beispiel bei der Tour *Djurgården runt,* einer 10 km langen Strecke rund um Stockholms grüne Oase.

Genau das Richtige, um dem Großstadttrubel einmal den Rücken zu kehren und ganz in die Stille der Natur einzutauchen. *Bootsverleih April–Nov. | Djurgårdsbrons Sjöcafé, an der Brücke zu Djurgården | 1 Std. Kanu ab 70 SEK, Tretboot 100 SEK, Kajak 3 Std. 240 SEK | Tel. 660 57 57 | Bus 47, 44: Nordiska Museet | Rote Linie Richtung Ropsten: Karlaplan*

80 SEK | Exercisplan | Skeppsholmen | *www.modernamuseet.se* | Bus 65: Moderna Museet | Blaue Linie: Kungsträdgården

SKOGSKYRKOGÅRDEN (WALDFRIEDHOF)   [0]

6 km südlich vom Zentrum im Stadtteil Enskede liegt der riesige Waldfriedhof, der seit 1994 auf der Liste der Weltkulturerbestätten der Unesco steht. Zur Begründung hieß es, der Skogskyrkogården sei ein bedeutendes Beispiel für eine Friedhofsanlage, die sich harmonisch in eine natürliche Waldlandschaft mit Hügeln, Ebenen und Lichtungen integriert und Natur und Architektur ausgewogen verbindet. Gunnar Asplund und Sigurd Lewerentz gewannen mit ihrem Entwurf 1914 den Architekturwettbewerb für den Friedhof. Umgeben von dunklen Kiefern liegen auf dem 1 km² großen Gelände die *Waldkapelle* (1920) und das *Waldkrematorium* (1940) von Asplund sowie die *Auferstehungskapelle* von Lewerentz (1925). Der Waldfriedhof ist die letzte Ruhestätte vieler berühmter Persönlichkeiten, etwa der Schauspielerin Greta Garbo, die 1990 in New York starb und hier neun Jahre später beigesetzt wurde *(Kvarter 12 A | Grab 1). Tgl. 24h | Führung auf Englisch Ende Juni–Anf. Sept. Sa 13 Uhr ab Haupteingang | Führung 90 SEK | Sockenvägen 492 |* www.kyf.stockholm.se *| ab Gullmarsplan mit Bus 18 Richtung Farsta strand: Skogskyrkogården | Grüne Linie Richtung Farsta strand: Skogskyrkogården*

STADION   [124 B3]

Das Stockholmer Stadion am Valhallavägen wurde anlässlich der Olympischen Sommerspiele 1912 gebaut. Architekt Torben Grut ließ sich von der antiken Sportarena und den Ringmauern einer mittelalterlichen Stadt inspirieren und errichtete die Anlage in rotem Backstein. Es gilt als das älteste noch genutzte Olympiastadion der Welt. Die Arena (14 000 Zuschauer) dient seit der Olympiade als Austragungsort vieler Sport- und Musikveranstaltungen und steht unter Denkmalschutz. *Lidingövägen 1–*

> ART GOES UNDERGROUND
Stockholms U-Bahn: eine Kunstschau auf 110 km

Grün, rot und blau – das sind die drei U-Bahnlinien, die die Stockholmer Vororte mit der Innenstadt verbinden und jeden Tag rund 700 000 Fahrgäste transportieren. Seit der Einweihung 1950 haben an die 140 Künstler die meisten der über hundert U-Bahn-Stationen mit eindrucksvollen Skulpturen und Bildern, mit ungewöhnlichen Installationen und Reliefs ausgeschmückt. Ziel war es, nicht nur den tristen Spritzbeton und die trostlos langen Bahnsteige zu verschönern, sondern den Fahrgästen auch eine Möglichkeit zu Ruhe, Reflexion und Inspiration zu bieten. Für Kunstinteressierte werden kostenlose Führungen angeboten (1,5 Std.). Alles, was Sie brauchen, ist ein gültiger Fahrschein *(Infos: Tel. 600 10 00 |* www.sl.se *| auch auf Englisch)*.

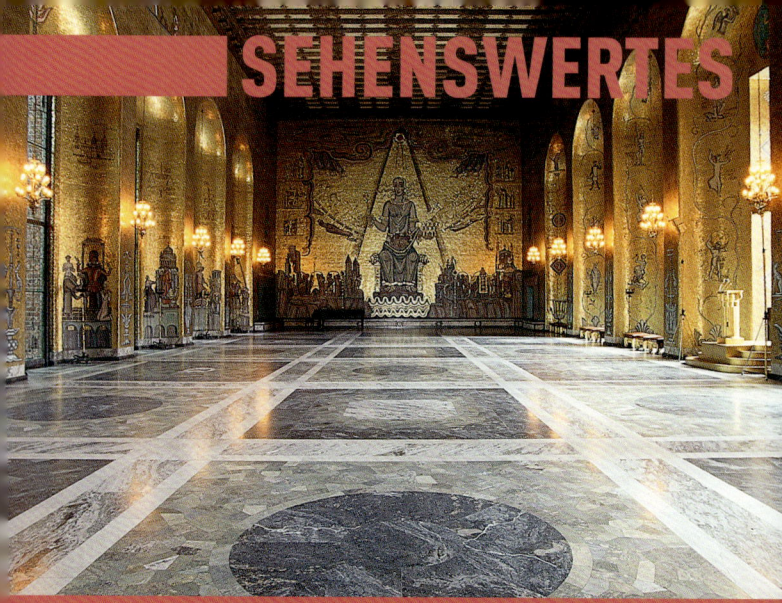

Wo Nobelpreisträger zum Tanz gebeten werden: der Goldene Saal des Stadshuset

3 | Bus 4, 55, 72: Stadion | Rote Linie Richtung Mörby Centrum: Stadion

STADSBIBLIOTEKET [123 E4]

Wichtigstes Beispiel für den funktionalistischen Baustil der 1930er-Jahre ist die von Gunnar Asplund entworfene Stadtbücherei am Sveavägen. Das Gebäude mit seinen schlichten Fassaden und der zylindrisch angelegten, hohen Rotunde wurde 1928 eingeweiht. Inzwischen muss die Stockholmer Hauptbibliothek dringend erweitert werden. Den international ausgeschriebenen Architektenwettbewerb gewann die deutsche Architektin Heike Hanada. Der Baubeginn der neuen Bibliothek ist für 2010 geplant. *Mo–Do 9–21, Fr 9–19, Sa–So 12–16 Uhr | Sveavägen 73 | www.bibliotek.stockholm.se, www. nyttstadsbibliotek.stockholm.se | Bus 2, 4, 42, 53, 59, 70, 72: Stadsbiblioteket | Grüne Linie: Rådmansgatan*

STADSHUSET (RATHAUS) ⭐ [120 A3]

Der führende Architekt Ragnar Östberg ließ das Wahrzeichen Stockholms mit dem 106 m hohen Turm 1923 im nationalromantischen Stil aus 8 Mio. Backsteinen errichten. In dem Gebäude residiert die Stadtverwaltung, im *Blauen Saal* findet an jedem 10. Dezember das große Nobelbankett mit rund 1300 Gästen statt. Wunderschön ist der *Goldene Saal* mit Wandmosaiken aus 19 Mio. Blattgoldteilchen, in dem die Nobelgäste den Abend nach dem Diner beim Tanzen ausklingen lassen. Sehenswert ist auch die Prinzengalerie mit einem Fresko des Prinzen Eugen. *Nur mit Führung tgl. 10, 12, 14 Uhr | Eintritt 60 SEK | Turm: Mai tgl. 9–16, Juni bis Aug. tgl. 9–17, Sept. tgl. 10–16 Uhr | Eintritt 20 SEK | Hantverkargatan 1 | Kungsholmen | www.stockholm.se/ stadshuset | Bus 3, 62: Stadshuset | Blaue Linie: Rådhuset*

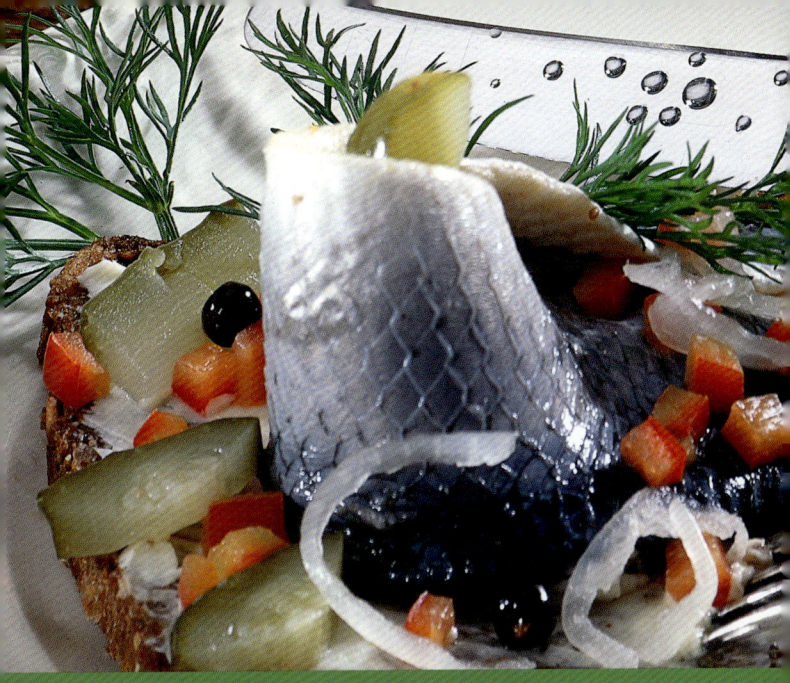

> GOURMETMETROPOLE UND IMBISSHAUPTSTADT

Ganz gleich, ob exklusiv oder bodenständig, Stockholmer Küchenkreationen setzen auf erstklassige heimische Zutaten

> **Einfach und deftig:** Dass Schweden lange Zeit ein armes Bauernland war, in dem es nicht um besondere Gaumenfreuden ging, sondern darum, satt zu werden, erkennen Sie noch immer an der einheimischen Küche. Kartoffeln, Fleisch (gerne Wild) und Fisch (besonders Hering und Lachs in allen Variationen) gehören traditionell zur schwedischen Hausmannskost. Frisches Gemüse stand kaum auf dem Speiseplan, im hohen Norden ließen sich höchstens Rote Bete, Möhren und anderes Wurzelgemüse anbauen. Doch die Zeiten haben sich geändert, und inzwischen haben viele Starköche das Land kulinarisch interessant gemacht. Mit moderner schwedischer Küche gewinnen sie heute internationale Wettbewerbe – nicht zuletzt dank erstklassiger Zutaten aus schwedischen Gewässern, von schwedischen Wiesen und aus schwedischen Wäldern. Die Gerichte wurden dem Trend angepasst, sind leich-

> *www.marcopolo.de/stockholm*

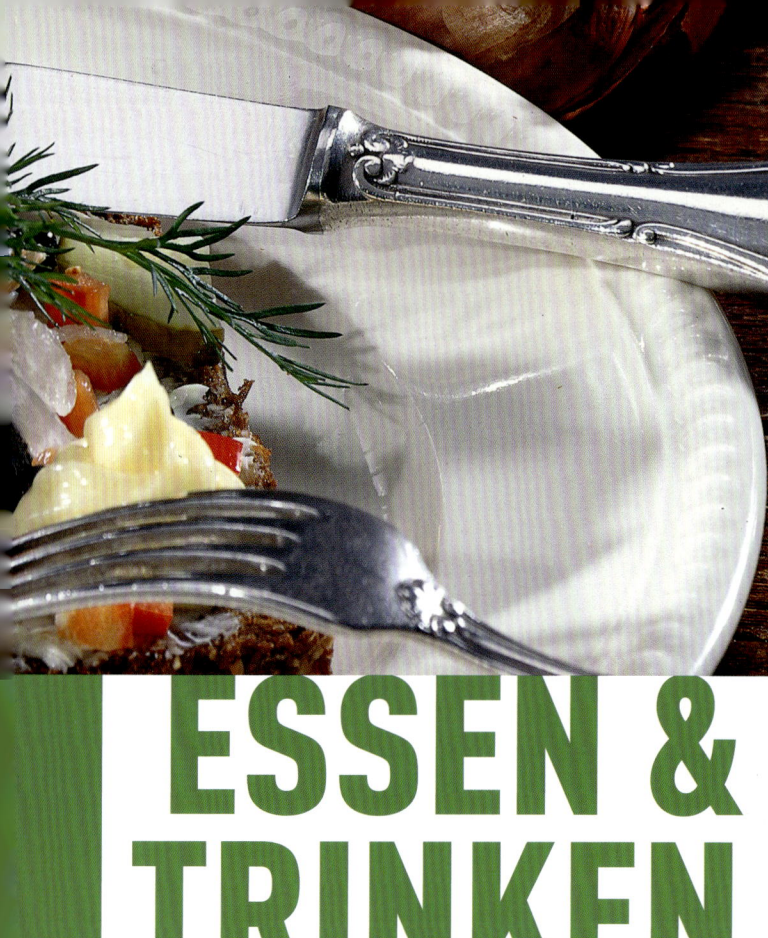

ESSEN & TRINKEN

ter, kreativer und exklusiver geworden. Deshalb haben sie auch ihren Preis. Doch auch für wenig Geld können Sie in Stockholm gut essen. Die 1500 Restaurants der Stadt bieten Gerichte für jeden Geschmack und jeden Geldbeutel. Darunter auch: das berühmte schwedische *smörgåsbord,* ein üppiges Buffet voller kalter und warmer Köstlichkeiten, vor allem Fisch.

Die Stockholmer essen relativ früh zu Mittag *(lunch),* schon ab 11.30 Uhr. Auch Cafés servieren oft kleine Lunchgerichte. Das Abendessen, das irreführenderweise *middag* heißt, gibt es in Stockholm ebenfalls früher als in anderen Ländern, nämlich zu Hause schon zwischen 17 und 18 Uhr, im Restaurant auch später. Die Stockholmer gehen sehr gern zum Essen aus, auch wochentags. Die Lokale sind deshalb oft überfüllt, unbedingt reservieren! Viele Restaurants sind samstagmittags, sonntags sowie

in den schwedischen Sommerferien zwischen Ende Juli und Ende August geschlossen, manche legen zwischen Mittag- und Abendessen eine Pause

– meistens Selbstbedienung – bezahlen Sie für eine Tasse Filterkaffee *(bryggkaffe)* und dürfen sich dann nachholen *(påtår)*, so oft Sie wollen.

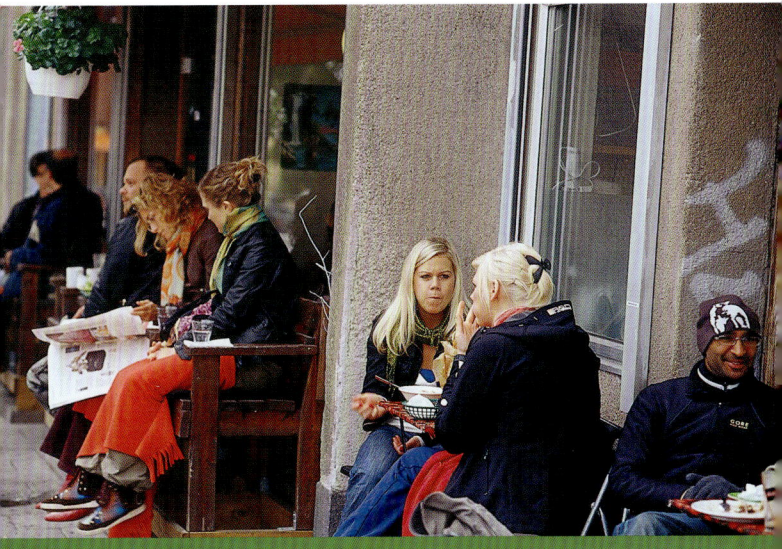

Copacabana auf Schwedisch: mit Wolldecke und Mütze heißen Kakao mit Chili genießen

ein; schon deshalb sollten Sie vorher anrufen. Der Platz im Restaurant wird Ihnen üblicherweise vom *hovmästare,* dem Oberkellner, zugewiesen. Rauchen ist in Cafés und Restaurants verboten.

Das Leitungswasser *(kranvatten)* ist von sehr guter Qualität; Sie können es unbesorgt trinken. Die Preise für Wein und Bier sind für deutsche Verhältnisse ziemlich hoch, für ein Glas Wein müssen Sie mit mindestens 9 Euro rechnen, ein Glas Bier kostet mindestens 6 Euro. Starker Kaffee wird in Schweden sehr viel getrunken, auch noch spätabends. In vielen Cafés

Übrigens: In Schweden bedankt man sich nach dem Essen mit einem *tack för maten* (Danke fürs Essen), nicht nur wenn man eingeladen wurde, sondern auch in der Familie!

▮ CAFÉS & GARTENCAFÉS ▮
CAFÉ BLÅ PORTEN ⭐ **[129 D1]**
Eine ruhige, grüne Oase auf Djurgården mit lauschigem Innenhof. Mediterrane Küche, Kuchen, Sandwichs. *Djurgårdsvägen 64 | www.blaporten.com | Bus 47, Straßenbahn ab Norrmalmstorg: Konsthallen/Gröna Lund | Rote Linie Richtung Ropsten: Karlaplan*

CAFÉ COPACABANA [126 C4]

Café mit selbst gebackenen Kalorienbomben und leckeren kleinen vegetarischen Gerichten. Spezialität: heißer Kakao mit Chili und Orange. Quer und alternativ. *Hornstulls Strand 3 | Södermalm | Rote Linie: Hornstull*

CAFFÈ NERO ▶▶ [123 F3]

Italienisches Szenelokal mit Bar, Café und Restaurant. Im eher nüchternen Betonambiente gibt's südliche Köstlichkeiten wie süße Cornetti, Pasta und Pannacotta. Und natürlich stark gebrannten Kaffee. *Roslagsgatan 4 | Vasastan | Bus 2, 42, 43, 53, 72: Roslagsgatan | Rote Linie: Tekniska Högskolan*

Insider Tipp
FLICKORNA HELIN & VOLTAIRE [129 E1]

Bei prasselndem Kaminfeuer können Sie hier leckere Sandwichs, Salate und Kuchen genießen. Im Sommer sollten Sie einen Tisch auf der tollen Terrasse nehmen. *Rosendalsvägen 14 | Djurgården | www.helinvoltaire. com | Bus 47, Straßenbahn ab Norrmalmstorg: Hazeliusporten*

IGLO LJUSCAFÉ [121 D2] **Insider Tipp**

Kleines Lichttherapiecafé gegen den Winterblues! 26 spezielle Tageslichtröhren mit rund 3000 Lux sorgen für angenehm helles Licht im komplett weißen Lichtraum; das bringt die deprimierte Winterseele wieder auf Hochtouren! Seit fünf Jahren bietet Martin Sylvan diesen Lichtservice, den Sie mit Frühstück oder Bio-Lunch genießen können. Unbedingt im Voraus buchen! *Nur Okt.–März Mo–Fr 7–14, Di auch 16–19, Sa–So 10–17 Uhr | Eintritt 110 SEK | Hornstulls Strand 1 | Södermalm | Tel. 668 82 70 | www.iglo.se | Rote Linie: Hornstull*

ROSENDALS TRÄDGÅRDSCAFÉ ★ [129 F1]

In dem beliebten Gewächshaus-Café im Grünen werden nur Bio-Köstlichkeiten serviert, im Sommer auch im großen Garten. Kuchen, Sandwichs, Salate, einfache Lunchgerichte. Die Gärtnerei verkauft auch Pflanzen, Blumenzwiebeln und Produkte aus ökologischem Anbau. *Okt.–Dez. Mo geschl. | Rosendalsterrassen auf Djurgården | www.rosendalstradgard.se |*

MARCO POLO HIGHLIGHTS

★ **Café Blå Porten**
Lauschige Caféoase auf Djurgården (Seite 58)

★ **Edsbacka Krog**
Preisgekrönte Gourmetküche für wahre Gaumenfreuden (Seite 60)

★ **Operakällarens Matsal**
Hier sitzen die Gäste wie im prächtigen Bühnenbild einer Oper und genießen exquisite Küche (Seite 60)

★ **Prinsen**
Schwedische Hausmannskost mit französischem Touch (Seite 63)

★ **Ulriksdals Wärdshus**
Schwedisches *smörgåsbord* im Grünen (Seite 61)

★ **Rosendals Trädgårdscafé**
Gartencafé mit Köstlichkeiten, deren Zutaten nur aus ökologischem Anbau stammen (Seite 59)

Bus 47, Straßenbahn ab Norrmalms-torg: Waldemarsudde, dann 10 Min. Fußweg, folgen Sie den Schildern Trädgård/Prins Bertils boulehall

STUREKATTEN [124 B5]

In dem verwinkelten Café auf zwei Etagen sitzen Sie zwischen alten Mö-beln und Spitzendeckchen wie in Großmutters Wohnzimmer. Großes Angebot an köstlichem Kuchen und Gebäck, dick belegte Krabbenbrote. Im Sommer auch draußen. *Riddarga-tan 4 | Östermalm | Bus 47, 62, 69, 76: Nybroplan | Rote Linie: Öster-malmstorg*

> GOURMETTEMPEL
Kulinarische Höchstleistungen, perfekte Bedienung

EDSBACKA KROG ★ [131 D3]

Schwedische Küche mit französischem Touch, perfekter Service, historisches Ambiente: Chefkoch Christer Lingström hat zwei Michelinsterne für sein Lokal in herrlicher Lage am Wasser errungen – als Einziger in ganz Schweden. Hauptgericht ab 45 Euro, Menüs ab 95 Euro. *So geschl. | Sollentunavägen 220 | Sollentuna (ca. 18 km nördlich) | Tel. 96 33 00 | www.edsbackakrog.se | S-Bahn ab Cen-tralen Richtung Märsta bis Sollentuna, dann Bus 607 oder 627 Richtung Dande-ryd bis Edsbacka*

FREDSGATAN 12 ▶▶ [120 B3]

Kulturelite, Politiker und Finanzbosse schätzen die Doppelspitze der F12-Küche: Danyel Couet und Paul Svensson (ein Michelinstern). Hauptgericht ab 33 Euro, Menüs ab 118 Euro. *So geschl. | Fredsga-tan 12 | Norrmalm | Tel. 24 80 52 | www.fredsgatan12.com | Alle Linien: Centralen*

LUX ❄ [126 A2]

Luxusrestaurant im früheren Fabrikge-bäude von *Electrolux* mit tollem Blick auf den Mälarsee. Preisgekrönte Köche (ein Michelinstern) zaubern hier das Beste aus der klassischen schwedischen Küche. Hauptgericht ab 38 Euro, Menüs ab 80 Euro. *So/Mo geschl. | Primusga-tan 116 | Lilla Essingen | Tel. 619 01 90 | www.luxstockholm.com | am besten per Taxi zu erreichen*

MATHIAS DAHLGREN/ MATSALEN [121 D2]

Das neue Restaurant von Meisterkoch Mathias Dahlgren zählt zu den besten Stockholms (ein Michelinstern). Haupt-gericht ab 35 Euro, Menü 140 Euro. *So geschl. | im Grand Hôtel | Södra Blasie-holmshamnen 6 | Norrmalm | Tel. 679 35 84 | www.mathiasdahlgren.com | Bus 2, 55, 62, 65, 71, 76: Karl XII:s torg | Blaue Linie: Kungsträdgården*

OPERAKÄLLARENS MATSAL ★ ⌁ [120 C2]

Seit 1787 wird hier exquisite Küche ge-boten. Das Interieur des Speisesaals aus dem 19. Jh. mit Wandmalereien, vergol-deten Paneelen und Kristallleuchtern ist das richtige Ambiente für edlen Hoch-genuss! Hauptgericht ab 49 Euro, Menüs ab 100 Euro. *Nur abends, So/Mo geschl. | Operahuset | Karl XII:s torg | Norrmalm | Tel. 676 58 01 (nach 13 Uhr) | www.operakallaren.se | Bus 2, 55, 62, 65, 71, 76: Karl XII:s torg | Blaue Linie: Kungsträdgården*

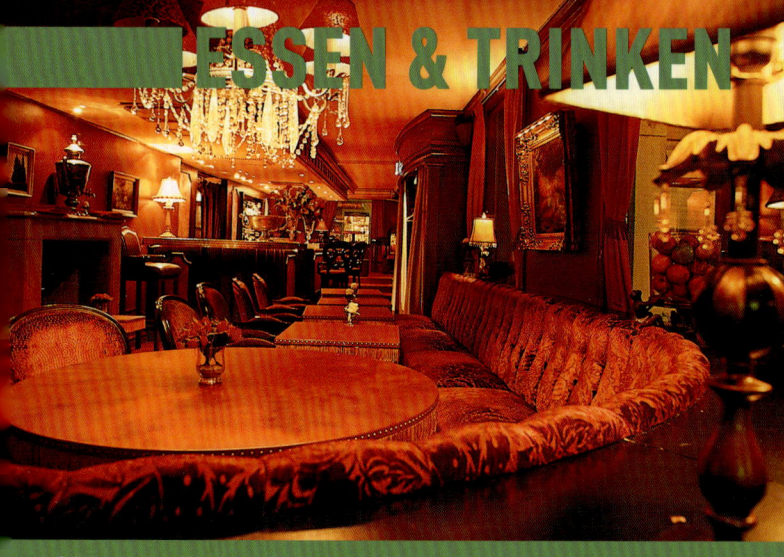

Schön rot, schön barock und die feine Küche très française: Le Rouge

RESTAURANTS € € €

CLAS PÅ HÖRNET [123 F3]

Typisch schwedische Küche finden Sie in diesem alten Gasthaus aus dem 18. Jh. *So geschl. | Surbrunnsgatan 20 | Vasastan | Tel. 16 51 36 | www.claspahornet.se | Bus 2, 4, 42, 43, 53, 72: Roslagsgatan | Rote Linie Richtung Mörby: Tekniska Högskolan*

GQ [124 B5]

GQ steht für *Gastronomische Intelligenz,* und danach wird in dieser Gourmetküche mit Mittelmeertouch und hohen Ambitionen gekocht. Erlesene Weine und Zutaten aus ökologischer Produktion runden das Geschmackserlebnis ab. Auch Menüs. *Nur abends, So geschl. | Kommendörsgatan 23 | Östermalm | Tel. 54 56 74 30 | www.gqrestaurang.se | Bus 42, 44: Nybrogatan | Rote Linie: Stadion*

PONTUS! ▶▶ [124 A5]

Starkoch Pontus Frithiof kreiert kulinarische Highlights für die Stockholmer Szene. Außerdem: exquisite Austernbar. *So geschl. | Brunnsgatan 1 | Östermalm | Tel. 54 52 73 00 | www.pontusfrithiof.com | Bus 1, 2, 55, 56: Stureplan | Rote Linie: Östermalmstorg*

LE ROUGE [121 D4]

Weinroter Samt, schwere Deckendraperien und barocke Gemälde: In diesem mittelalterlichen Gewölbekeller fühlen Sie sich wie im Paris des 19. Jhs. Dazu passend: französische Gourmetküche vom Feinsten. *Nur abends, So geschl. | Brunnsgränd 2–4 | Gamla Stan | Tel. 50 52 44 30 | www.lerouge.se | Bus 2, 43, 55, 71, 76: Slottsbacken | Rote, grüne Linie: Gamla Stan*

ULRIKSDALS WÄRDSHUS ⭐ [131 D3]

Dieses traditionsreiche Restaurant in einer weißen Holzvilla im Schlosspark Ulriksdal ist berühmt für sein gutes smörgåsbord. Das kleine gibt es Di–Fr 11.30–14.30, das große

smörgåsbord am Wochenende (Sa 14–18, Einlass bis 15 Uhr, So zwei Sitzungen, 12.30 und 16 Uhr). Außerdem A-la-carte-Gerichte. *Im Winter Mo geschl.* | *Ulriksdals Slottspark | Solna | Tel. 85 08 15 | www.ulriks dalswardshus.se | Rote Linie Richtung Mörby: Bergshamra, dann Bus 503 Richtung Ulriksdals Wärdshus (ca. 5 Min., stdl.)*

VASSA EGGEN [124 A5]

Toprestaurant, modernes Ambiente und erstklassige internationale Küche – innovativ gekocht und serviert. *So geschl.* | *Birger Jarlsgatan 29 | Östermalm | Tel. 21 61 69 | www.vassaeg gen.com | Bus 1, 2, 55, 56: Stureplan | Rote Linie: Östermalmstorg*

>LOW BUDGET

- > In vielen Restaurants gibt es mittags ein *dagens rätt* (Tagesgericht), das aus warmem Hauptgericht, Salat, Brot, einem alkoholfreien Getränk und Kaffee besteht – ein günstiges Angebot ab ca. 8 Euro bei den sonst recht hohen Restaurantpreisen.
- > Multikulti-Fastfood für wenig Geld finden Sie in dem Schnellimbissstempel *Kungshallen* [120 B1]. *Kungsgatan 44 | Norrmalm | www.kungshal len.com | Grüne Linie: Hötorget*
- > Fastfood-Klassiker mit gebratenem Hering in verschiedenen Variationen, als Burger, auf Knäckebrot oder mit Kartoffelpüree, bietet *Strömmingswagen Slussen* [120–121 C–D6]. *Mo–Fr 10–19, Sa/So 12–17 Uhr | Södermalmstorg | Bus 2, 3, 43, 53, 55, 71, 76: Slussen | Rote, grüne Linie: Slussen*

WEDHOLMS FISK [121 D2]

Seezunge, Steinbutt, Lachs und Lotte (Seeteufel): das Mekka für Fischfans! Berühmt für seine exklusiven Fischgerichte nach schwedischen und französischen Rezepten. *So geschl.* | *Nybrokajen 17 | Norrmalm | Tel. 611 78 74 | www.wedholmsfisk. se | Bus 47, 62, 69, 76: Nybroplan | Blaue Linie: Kungsträdgården*

■ RESTAURANTS €€€

CHAKULA [126 C1] *Inside Tipp*

Köstlich, phantasievoll und afrikanisch sind die Kreationen dieses Lokals, das Spezialitäten wie Strauß mit Schokoladensauce oder Carpaccio von der Antilope serviert. *Nur abends, So geschl.* | *Pontonjärgatan 28 | Kungsholmen | Tel. 654 90 30 | www. chakula.se | Bus 69: Pontonjärgatan | Grüne, blaue Linie: Fridhemsplan*

KRYP IN [120 C4]

Gemütliches Restaurant im mittelalterlichen Kellergewölbe. Leckere schwedische Spezialitäten wie Rentiercarpaccio oder gebratenes Barschfilet. *Im Winter So geschl.* | *Prästgatan 17 | Gamla Stan | Tel. 20 88 41 | www.restaurangkrypin.nu | Bus 3, 53: Mälartorget | Rote, grüne Linie: Gamla Stan*

LISA ELMQVIST [124 B5]

Fisch und Schalentiere in zig Variationen stehen auf der Speisekarte des exquisiten Restaurants in der Östermalmer Markthalle. *Mo–Do 9.30 bis 18, Fr 9.30–18.30, Sa 9.30–16 (im Sommer bis 14 Uhr)* | *Östermalms Saluhall | Östermalmstorg | Tel. 55 34 04 00 | www.lisaelmqvist.se | Rote Linie: Östermalmstorg*

ESSEN & TRINKEN

PRINSEN ★ ▶▶   [121 D1]

1897 gegründetes Stammlokal der Stockholmer Kulturelite mit schwarz-rot gekacheltem Fußboden und jeder Menge Bilder an den Wänden. Landestypische und französische Küche. *Mäster Samuelsgatan 4 | Norrmalm | Tel. 611 13 31 | www. restaurangprinsen.com | Bus 1, 2, 55,*

TEGNÉRS GÖMSTÄLLE   [123 E5]

Kleines, gemütliches Lokal mit klassischer schwedischer Hausmannskost. Riesige Auswahl an schwedischen Bierspezialitäten. Unbedingt probieren: *Älgwallenbergare,* der Frikadellenklassiker aus Elchhack. *So geschl. | Upplandsgatan 17 | Vasastan | Tel. 30 40 57 | www.tegners*

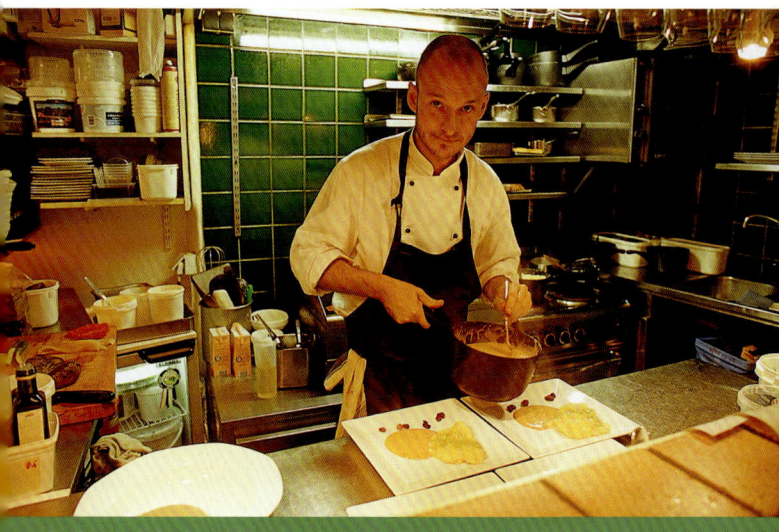

Rentier oder lieber Barsch? Im Kryp In versteht man sich auf leckere Schwedenküche

56: Stureplan | Rote Linie: Östermalmstorg

ROLFS KÖK   [123 F5]

Ewig moderner Restaurantklassiker, in dem die Stühle an den Wänden hängen. Schwedische und mediterrane Küche. Preiswerte „Paketangebote". Sehr gute Weine! *Tegnérgatan 41 | Norrmalm | Tel. 10 16 96 | www. rolfskok.se | Grüne Linie: Rådmansgatan*

gomstalle.se | Bus 65: Tegnérgatan | Grüne Linie: Rådmansgatan

TRANAN ▶▶   [123 E4]

Rot-weiß karierte Tischdecken, dunkle Holzstühle, schwedische Gerichte auf hohem Niveau. Beliebter Klassiker. *Karlbergsvägen 14 | Vasastan | Tel. 52 72 81 00 | www.tranan.se | Bus 2, 4, 40, 42, 53, 65, 70, 72: Odenplan | Grüne Linie: Odenplan*

■ RESTAURANTS €

HATTORI SUSHI DEVIL [123 F5]

Innovative Sushiküche vom Feinsten! Spannende Kombinationen wie Thunfisch mit Chili oder Maki mit Honigmelone und Minze sorgen für neue Geschmackserlebnisse. *Sa/So geschl.* | *Tegnérgatan 43* | *Tel. 22 44 00* | *www.hattorisushi.com* | *Grüne Linie: Rådmansgatan*

HERMANS TRÄDGÅRDSCAFÉ ☀ [128 C3]

Ganz abgesehen von der tollen Aussicht auf Stockholm erwartet Sie ein gutes vegetarisches Buffet mit Gerichten aus aller Welt in diesem Gartenrestaurant. Kein Alkohol. *Fjällgatan 23* | *Södermalm* | *Tel. 643 94 80* | *www.hermans.se* | *Bus 2, 3: Tjärhovsplan*

❯ SPEZIALITÄTEN

Genießen Sie die typisch Stockholmer Küche!

Älg – Elch. Zum Beispiel als *älggryta*, Elchgulasch, oder als *älgstek*

Biff à la Rydberg – klein geschnittenes Rindfleisch, kurz angebraten und mit Bratkartoffeln, Zwiebeln sowie rohem Eigelb serviert

Gravad lax – in Zucker, Salz und Dill gebeizter Lachs, serviert mit süßer Dill-Senf-Sauce

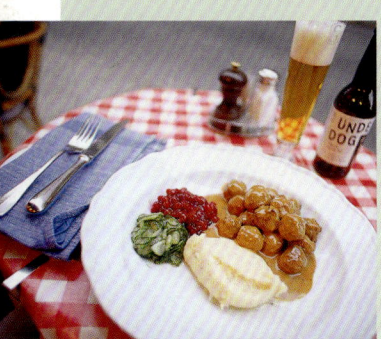

Gul ärtsoppa med fläsk – dicke gelbe Erbsensuppe mit Speck. Traditionelles Donnerstagsessen

Janssons frestelse – schwedischer Klassiker: Kartoffelauflauf mit Anchovis, Zwiebeln und Sahne

Kanelbullar – Hefegebäck mit Zimt

Köttbullar – kleine gebratene Fleischbällchen aus Rind- und Schweinehack. Dazu gibt es Salzkartoffeln oder Kartoffelpüree, *brunsås*, braune Sauce, und *lingon*, Preiselbeeren (Foto)

Kräftor – Flusskrebse. Mit viel Dill gekocht und mit Toast und Butter gegessen. Saison im August

Pannkakor med sylt – Pfannkuchen mit Marmelade. Der obligatorische Nachtisch nach der Erbsensuppe

Princesstårta – mit Marmelade und Vanillecreme gefüllte Sahnetorte mit giftgrüner Marzipanhaube

Pytt i panna – klassisches Restegericht aus gewürfelten Kartoffeln, Wurst- und Fleischstückchen mit einem Spiegelei oben drauf. Dazu gibt's Rote Bete

Räkor – Krabben

Sill – Hering. Viele Variationen: als *senapsill*, eingelegt in süß-saurer Senfsauce, *glasmästarsill*, mit Zwiebeln und Lorbeerblatt, oder gebraten

Wallenbergare – Frikadellen aus Kalbshack, Zwiebeln und Sahne. Beilage: grüne Erbsen, Kartoffelpüree und Preiselbeeren

KHARAZMI [123 E4]

Hähnchenfilet mit Granatapfel-
püree, Krabbenrisotto mit Rosinen,
Lammbällchen mit Zimt – Persiens
kulinarische Highlights sind sehr
verlockend! *Dalagatan 44 | Vasastan
| Tel. 22 77 50 | www.kharazmi.se |
Bus 4: Dalagatan | Grüne Linie:
Odenplan*

LAO WAI [123 F4]

Vegetarische Spezialitäten aus der
chinesischen Küche. Hier legt man
großen Wert auf erstklassige Zutaten.
*So geschl. | Luntmakargatan 74 | Va-
sastan | Tel. 673 78 00 | www.lao
wai.se | Grüne Linie: Rådmansgatan*

LINGUINI [123 D4]

Insider Tipp

Kleines Pastarestaurant, typisch ita-
lienisch. Sehr lecker! *Nur abends, So
geschl. | Frejgatan 48 | Vasastan |
Tel. 31 49 15 | http://info.aos.se/saj
ter/linguini/1.html | Bus 2, 4, 40, 42,
53, 65, 70, 72: Odenplan | Grüne Li-
nie: Odenplan*

PELIKAN [128 B5]

Klassisches Brauhaus auf Södermalm. Deftige, preiswerte Hausmannskost. Unbedingt probieren:
köttbullar med gräddsås och lingon
(Fleischbällchen mit Sahnesauce und
Preiselbeeren). *Blekingegatan 40 |
Tel. 55 60 90 92 | www.pelikan.se |
Grüne Linie: Skanstull*

SABAI SABAI [123 F5]

Köstliche Thaiküche in exotischem
Ambiente mit bunten Lämpchen und
goldenen Elefanten. *Kammakargatan
44 | Norrmalm | Tel. 790 09 13 |
www.sabai.se | Grüne Linie: Råd-
mansgatan*

SEYMUS VEGETARISKA RESTAURANG [127 D3]

Insider Tipp

Seit mehreren Jahren präsentiert Sey-
mus Ceylan den Stockholmern er-

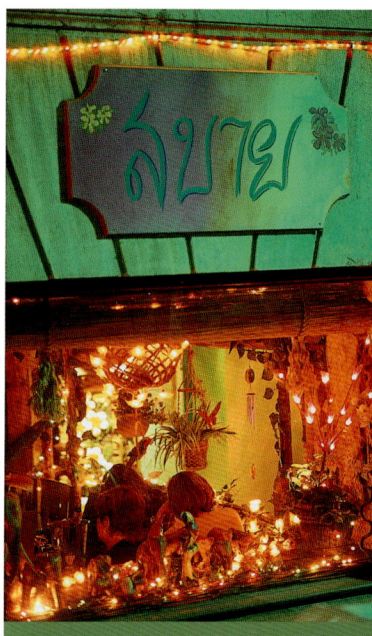

Grelle Deko, köstliche Küche: Sabai Sabai

folgreich ausschließlich vegetarische
kurdische Köstlichkeiten in Form ei-
nes üppigen Buffets. *Varvsgatan 29 |
Södermalm | Tel. 658 55 55 | www.
seymus.se | Rote Linie: Hornstull*

SHANTI [128 C5]

Beliebtes indisches Restaurant mit
sehr guten und preiswerten Wok- und
Tandoorigerichten. *Katarina Ban-
gata 58 | Södermalm | Tel. 642 67 22
| www.shanti.se | Grüne Linie:
Skanstull*

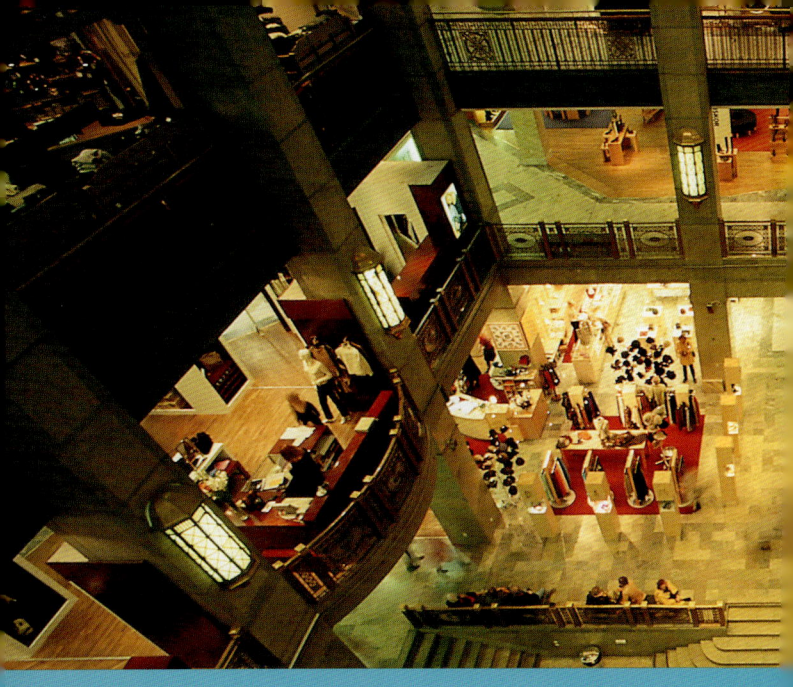

> ORIGINELL, INDIVIDUELL UND VON BESTER QUALITÄT

Ob Sie Mode suchen oder Porzellan, Möbel oder Tischwäsche, in Stockholm finden Sie garantiert gutes Design

> **Stockholm ist ein Paradies für alle Design-Enthusiasten! Ob klassisch oder modern – hier finden Sie ein riesiges Angebot an Wohnaccessoires, Möbel, Mode und Schmuck. Schweden ist zu einem der führenden Länder für Design aufgestiegen.**
Produkte designed in Sweden zeichnen sich durch Schlichtheit, Funktionalität und klare Formen aus. Viele Künstler und Modeschöpfer sind im Ausland noch unbekannt, sodass Sie hier noch sehr viel originelles, individuelles und qualitativ hochwertiges Design entdecken können. Zum Beispiel mundgeblasenes Glas berühmter schwedischer Glashütten wie *Kosta Boda* oder *Orrefors*, schlichtes Steingut in bunten Farben von *Höganäs*, Leinenwaren wie Tischdecken und Platzdeckchen oder Küchenbesteck aus Holz. Mode einheimischer Labels wie *Tiger of Sweden, Acne* oder *Rodebjer* ist in Schweden auf dem Vormarsch.

Bild: Traditionskaufhaus NK Nordiska Kompaniet

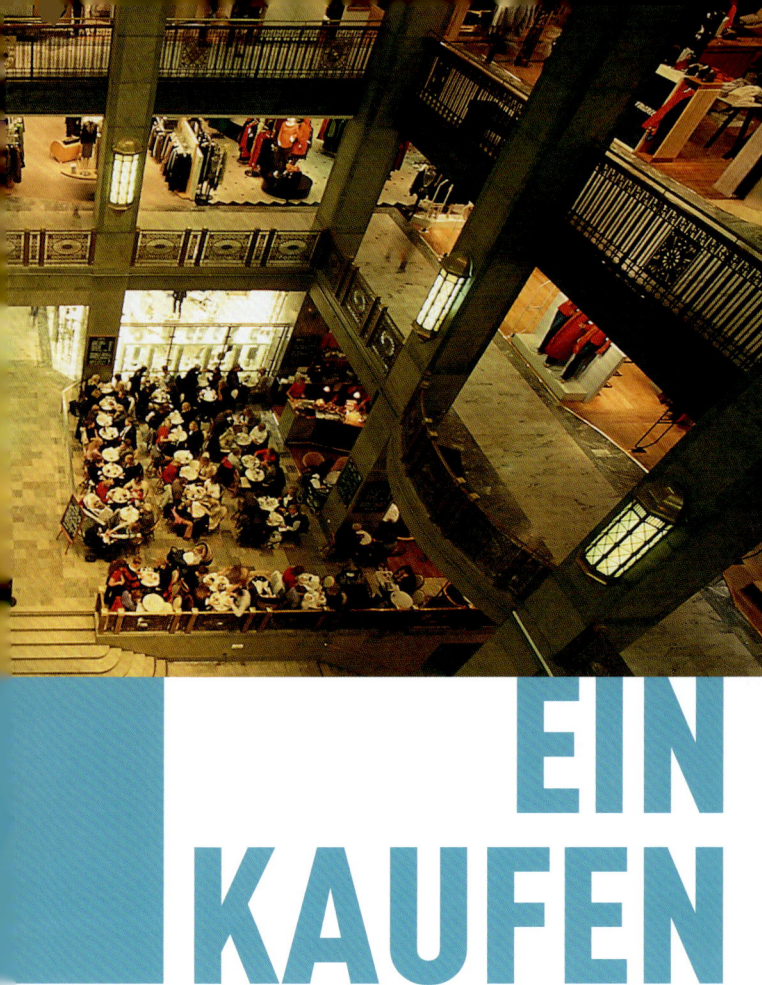

EIN
KAUFEN

Stockholms Haupteinkaufsstraßen liegen rund um den exklusiven Stureplan, den Hötorget und die Hamngatan mit den großen Kaufhäusern NK und Åhléns. In Gamla Stan ist das Angebot auf der Västerlånggatan eher touristisch, auf der stilleren Österlånggatan dagegen gibt es kleine Galerien. Im trendigen Shoppingviertel ▶▶ Sofo *(South of Folkungagatan | www.sofo.se)* auf Södermalm finden Sie Geschäfte mit ausgefallener Mode, Secondhand- und Ökoläden sowie Kunsthandwerk, Schmuck und Design alternativer Künstler. Ein Paradies für Musikfans sind die CD- und Plattenläden zwischen Odenplan und St. Eriksplan in Vasastan. Dort liegen auch viele Antikläden (Odengatan, Upplandsgatan, Roslagsgatan). Absolutes Muss ist ein Besuch der wunderschönen alten Markthalle *Östermalms Saluhall* mit feinen Delikatessen.

ANTIKES

Überall, wo Sie bedient werden, ist es üblich, einen Nummernzettel zu ziehen, der Ihnen zeigt, wann Sie an der Reihe sind. Geschäfte haben in der Regel montags bis freitags von 10 bis 18, samstags bis 14 oder 16 Uhr geöffnet. Längere Öffnungszeiten bieten Supermärkte und die Kaufhäuser NK und Åhléns.

hemsgatan | Blaue Linie: Rådhuset

■ BÜCHER

AKADEMIBOKHANDELN [120 C1]

Riesige Buchhandlung mit Café. Großes Angebot an englischsprachiger Literatur. *Mäster Samuelsgatan 28 | Norrmalm | www.akademibok*

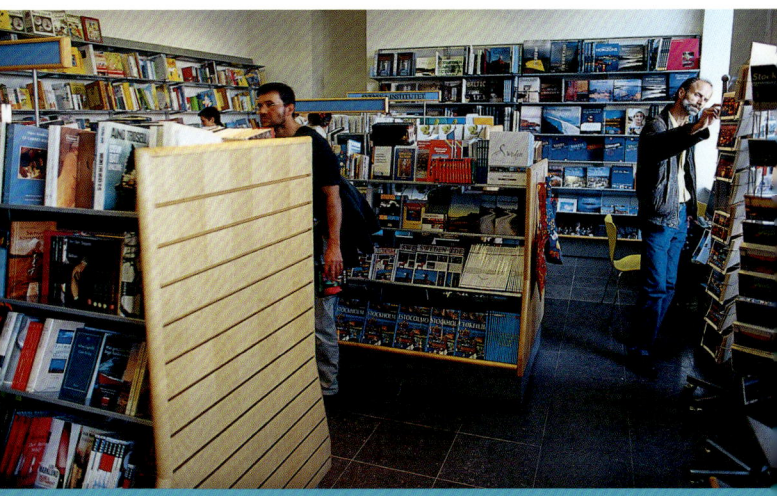

Alles über Schweden – auf Deutsch, für Kinder, in Wort und Bild – gibt's im Sweden Bookshop

■ ANTIKES

AFRODITE ANTIK [123 D4]

Große Auswahl an Glas, Porzellan, Silber und Kristall. *Odengatan 92 | Vasastan | Bus 42, 47: Hälsingegatan | Grüne Linie: St. Eriksplan*

KUNGSHOLMEN
ANTIK & KURIOSA [127 D1]

Dieser Laden ist ein Mekka für Nostalgiefans, es gibt Lampen, Möbel, Haushaltsgeräte u. a. *Hantverkargatan 47 | Kungsholmen | Bus 3: Pol-*

handeln.se | Bus 47, 69: Kungsträdgården | Grüne Linie: Hötorget

SWEDEN BOOKSHOP ★ [121 D4]

Spezialbuchhandlung des Schwedischen Instituts. Schwedische Klassiker, Kinderbücher, Bildbände und jede Menge Infos über Stockholm und Schweden. Auch auf Deutsch. *Slottsbacken 10 | Gamla Stan | www. swedenbookshop.com | Bus 2, 43, 55, 71, 76: Slottsbacken | Rote, grüne Linie: Gamla Stan*

> *www.marcopolo.de/stockholm*

■BEAUTY

FACE STOCKHOLM ▶▶ [124 B5]

Viele internationale Models benutzen die natürlichen, hochwertigen Make-up- und Hautpflegeprodukte dieses schwedischen Herstellers. Viele Shops, z. B. *Sturegallerian am Stureplan* | *Östermalm* | *www.facestockholm.com* | *Bus 1, 2, 55, 56: Stureplan* | *Rote Linie: Östermalmstorg*

Insider Tipp
PRIVATSKOLAN FÖR HUDVÅRD OCH SPA [124 A5]

Auszubildende nehmen hier die vielfältigen Behandlungen vor, die etwa um die Hälfte günstiger sind als in anderen Stockholmer Kosmetikstudios. Eine klassische Gesichtsbehandlung kostet Mo–Fr ca. 40 Euro für 80 Min., Sa 50 Euro. Nur im Voraus zu buchen. *Nicht in den Sommerferien* | *Lästmakargatan 10* | *Norrmalm* | *Tel. 678 15 55* | *www.privatskolan-fhk.se* (nur auf Schwedisch) | *Bus 56: Norrlandsgatan* | *Rote Linie: Östermalmstorg*

■DELIKATESSEN

Insider Tipp
CAJSA WARG [128 C4]

Wie ein Landhandel aus alten Zeiten wirkt dieses Delikatessengeschäft mit unzähligen schwedischen und internationalen Spezialitäten. *Renstiernas gata 20* | *Södermalm* | *www.cajsawarg.se* | *Bus 2, 3, 53, 71, 76: Tjärhovsplan* | *Grüne Linie: Medborgarplatsen*

CHOKLADFABRIKEN [128 C3] Insider Tipp

Der Duft köstlicher Pralinen, Trüffeln oder Torten lässt jeden schwach werden! Genießen Sie die Schokosünden gleich im dazugehörigen Café, oder schauen Sie dem Konditor bei der Arbeit zu! *Renstiernas gata 12* | *Södermalm* | *www.chokladfabriken.com* | *Bus 2, 3, 53, 71, 76: Tjärhovsplan* | *Grüne Linie: Medborgarplatsen*

■DESIGN & EINRICHTUNG

10-GRUPPEN [128 B3]

Schwarz-weiß, knallbunt, ungewöhnliche Muster: Seit 1972 verkaufen hier zehn kreative Köpfe Taschen, Teller und Textilien. *Götgatan 25* | *Södermalm* | *www.tiogruppen.com* | *Bus 2, 3, 43, 53, 55, 71, 76: Slussen* | *Rote, grüne Linie: Slussen*

BRUKA DESIGN [120 C1]

Schlichte, geschmackvolle Wohnaccessoires und Möbel für Haus und Garten. *Regeringsgatan 44 im NK-Haus* | *Norrmalm* | *www.brukadesign.se* | *Rote Linie: Östermalmstorg*

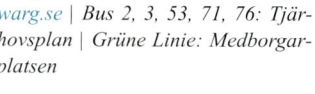

MARCO POLO HIGHLIGHTS

★ Östermalms saluhall (Östermalms Markthalle)
Köstliche Delikatessen im Ambiente der Jahrhundertwende (Seite 72)

★ NK (Nordiska Kompaniet)
Das „Kaufhaus des Nordens": exklusiv und edel (Seite 71)

★ Designtorget
Originelle Designideen kreativer schwedischer Köpfe (Seite 70)

★ Sweden Bookshop
Spannende Literatur rund um Schweden und Stockholm – auch auf Deutsch (Seite 68)

DESIGN & EINRICHTUNG

DESIGNTORGET ⭐ ▶▶ [120 B2]

Etablierte und junge Designer präsentieren in dieser Stockholmer Institution ihre ausgefallenen und funktionalen Ideen. Tolle Mitbringsel! *Sergelgången 29 (unter dem Kulturhuset) | Norrmalm | www.designtorget.se | Bus 47, 56, 59, 69: Sergels torg | Alle Linien: Centralen*

ORDNING & REDA [128 B3]

Modern gestaltete Notizbücher, Kalender, Fotoalben, Schreibtischuten-silien. *Götgatan 32 | Södermalm | www.ordning-reda.com | Bus 2, 3, 43, 53, 55, 71, 76: Slussen | Rote, grüne Linie: Slussen*

ORREFORS & KOSTA BODA [121 D1]

Flagshipstore der beiden berühmtesten schwedischen Glasbläsereien mit Kunst- und Gebrauchsglas. *Birger*

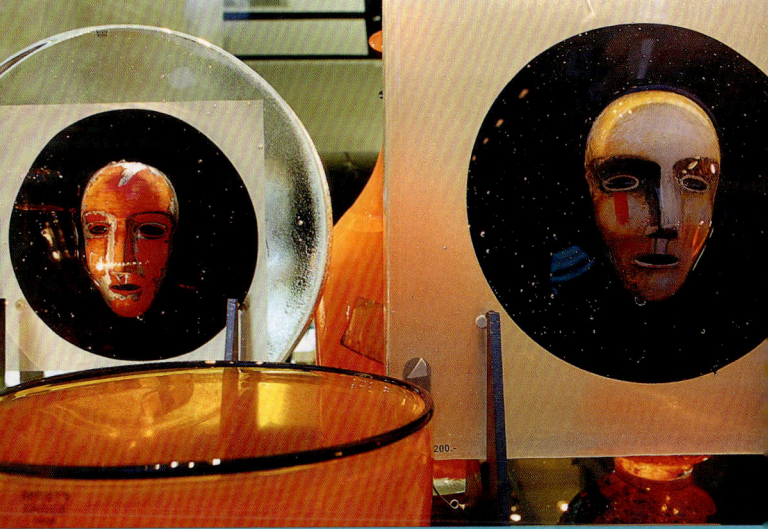

Kunst im, am und aus Glas: Flagshipstore der Glasbläsereien Kosta Boda und Orrefors

CARL MALMSTEN [121 E1]

Seit 1940 gibt es hier die zeitlosen Klassiker eines der größten schwedischen Möbeldesigner. *Strandvägen 5 b | Östermalm | www.malmsten.se | Bus 47, 62, 69, 76: Nybroplan | Rote Linie: Östermalmstorg*

ORDNING & REDA [128 B3]

Modern gestaltete Notizbücher, Kalender, Fotoalben, Schreibtischuten-

Jarlsgatan 15 | www.orrefors.se | Bus 2: Stureplan | Rote Linie: Östermalmstorg

SVENSKT TENN [121 E1]

Josef Franks weltberühmte Blumen- und Pflanzenmuster prägen das Angebot dieses exklusiven Shops mit einer Vielzahl an Textilien, Lampen, Geschirr, Glas und Möbeln. *Strandvägen 5 | Östermalm | www.svenskt*

tenn.se | *Bus 47, 62, 69, 76: Nybro-plan* | *Rote Linie: Östermalmstorg*

SYSTER LYCKLIG [123 F4]
Kleiner Laden mit Design im romantisch-ländlichen Stil (Möbel, Mode, Schmuck, Einrichtungsaccessoires), viel rosa und weiß. *Tegnérgatan 12* | *Vasastan* | *www.systerlycklig.se* | *Grüne Linie: Rådmansgatan*

▌KAUFHÄUSER & ▌PASSAGEN

ÅHLÉNS [120 B2]
Dieses Kaufhaus bietet fast alles: Mode, Make-up, Wohndesign und CDs, Supermarkt und das *Stockholm Day Spa*. *Klarabergsgatan 50* | *Norrmalm* | *www.ahlens.se* | *Bus 47, 69: Sergels torg* | *Alle Linien: Centralen*

GALLERIAN [120 C1]
Einkaufspassage mit etlichen Läden – für den kleinen und den großen Geldbeutel. *Hamngatan 37* | *Norrmalm* | *www.gallerian.se* | *Bus 47, 69: Kungsträdgården* | *Blaue Linie: Kungsträdgården*

**NK
(NORDISKA KOMPANIET)** ⭐ [120 C1]
Edles Traditionskaufhaus mit exklusiver Mode, Kosmetik und Wohnaccessoires schwedischer und international renommierter Designer, Delikatessenabteilung und Café. *Hamngatan 18–20* | *Norrmalm* | *www.nk.se* | *Bus 47, 69: Kungsträdgården* | *Blaue Linie: Kungsträdgården*

P.U.B. ▶▶ [120 B1]
Paul Urban Bergström gründete 1882 Stockholms ältestes Kaufhaus, in dem Greta Garbo als Hutverkäuferin arbeitete. Die besten schwedischen Modedesigner präsentieren hier einem jungen, trendigen Publikum ihre 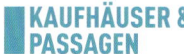 Kollektionen im Obergeschoss. *Hötorget* | *Norrmalm* | *www.pub.se* | *Grüne Linie: Hötorget*

STUREGALLERIAN [124 B5]
Einkaufspassage am Stureplan in Östermalm: teuer und schick. *Stureplan* | *www.sturegallerian.se* | *Bus 1, 2, 55, 56: Stureplan* | *Rote Linie: Östermalmstorg*

▌KUNSTHANDWERK ▌& SOUVENIRS

Schöne Mitbringsel gibt es in den Shops der Museen (z. B. Königliches Schloss, Skansen, Vasamuseum).

IRIS HANTVERK [120 A1]
Holzbürsten nach alter schwedischer Handwerkertradition in allen Variationen und Leinenwaren. *Mehrere Shops, z. B. Kungsgatan 55* | *Norrmalm* | *Grüne Linie: Hötorget*

SVENSK HEMSLÖJD [123 F5]
Tradition und Qualität zeichnen die Produkte dieses Ladens aus, in dem Sie Teppiche, Tischdecken, Schmuck und Holzwaren kaufen können. *Sveavägen 44* | *Norrmalm* | *www.svenskhemslojd.com* | *Grüne Linie: Hötorget*

▌MARKTHALLEN ▌& MÄRKTE

HÖTORGSHALLEN [120 B1]
Markthalle mit schwedischen und internationalen Spezialitäten und kleinen Restaurants. Auf dem Platz gibt es wochentags Obst, Gemüse und Blumen, am Sonntag einen Flohmarkt *(10–18 Uhr)*. *Markt: Mo–Fr 7.30–18,*

MODE

Sa 7.30–16 Uhr, Markthalle: Mo–Do 10–18, Fr 10–18.30, Sa 10–16, Juni/Juli Sa 10–15 Uhr | *www.hotorgshallen.se* | grüne Linie: Hötorget

ÖSTERMALMS SALUHALL (ÖSTERMALMS MARKTHALLE) ⭐ [124 B5]

Erlesene Delikatessen kaufen und probieren Sie in dem traditionellen Spezialitätentempel (1888) im Stil der vorletzten Jahrhundertwende. *Mo–Do 9.30–18, Fr 9.30–18.30, Sa*

>LOW BUDGET

> In der *Gustavsbergs Porslinsfabrik* [131 E3] wird seit 1827 Geschirr aus Porzellan und Steingut hergestellt. Im angeschlossenen Fabrikverkauf gibt es Porzellan zweiter Wahl 30 bis 50 % billiger. Die *Fabriksbutiken* nebenan bietet zudem Reduziertes der Marken *Rörstrand, Iittala, Arabia, Hackman, Höganäs Keramik* und *Boda Nova. Mo–Fr 10–18, Sa–So 11 bis 16 Uhr | Chamottevägen 2 | Gustavsberg | www.gustavsbergsporslinsfabrik.se, www.fabriksbutiken.com | Bus 474 ab Slussen Richtung Hemmesta: Farstaviken (ca. 20 Min.) oder Schiff der Strömmakanalbolaget ab Nybrokajen | Ende Juni–Mitte Aug. tgl. 10.30 (ca. 2 Std.), zurück 13.45 Uhr | Rückfahrticket 200 SEK*

> 65 Geschäfte bieten im *Stockholm Quality Outlet Barkaby* [0] Fabrikverkauf (v. a. Kleidung) mit Rabatten zwischen 30 und 60 %. *Tgl. | Majorsvägen 2–4 | Barkaby | www.qualityoutlet.com | S-Bahn ab Hauptbahnhof Richtung Kungsängen: Jakobsberg, dann Bus 567 bis zum Outlet*

9.30–16 Uhr | Östermalmstorg | *www.ostermalmshallen.se* | Rote Linie: Östermalmstorg

STREET ▶▶ [126 C4] *Insider Tipp*

Im einstigen Parkhaus werden Secondhand und Kunsthandwerk der kreativen Södermalm-Szene angeboten. *Sa/So 11–17 Uhr | Hornstulls Strand 4 | Södermalm | www.streetinstockholm.se | Bus 4, 40, 77: Hornstull | Rote Linie: Hornstull*

▬ MODE ▬▬▬▬▬

ACNE ▶▶ [120 C5]

Die hippen Jeans haben das Label *Acne* international bekannt gemacht. *Lilla Nygatan 23 | Gamla Stan | www.acnejeans.com | Bus 3: Mälartorget | Rote, grüne Linie: Gamla Stan*

FILIPPA K [124 B5]

Einfarbig, klassisch geschnitten, trendy: Die Kollektionen der Modeschöpferin sind auch im Ausland sehr erfolgreich. *Mehrere Filialen, z. B. Grev Turegatan 18 | www.filippa-k.com | Bus 1, 2, 55, 56: Stureplan | Rote Linie: Östermalmstorg*

PURE & SIMPLE [128 A3] *Insider Tipp*

Rein und schlicht ist das Konzept dieser luftig-hellen Boutique mit Mode skandinavischer Designer wie *Malene Birger. Swedenborgsgatan 2 | Södermalm | www.pureandsimple.se | Bus 43, 55: Mariatorget | Rote Linie: Mariatorget*

CARIN RODEBJER ▶▶ [120–121 C–D1]

Junge Designerin, die tragbare, klassisch-elegante Mode mit frischem, jungem Touch kreiert und dafür schon viele Preise eingeheimst hat. *Jakobs-*

bergsgatan 6 | Norrmalm | *www.ro debjer.com* | *Bus 1, 2, 55, 56: Stureplan | Rote Linie: Östermalmstorg*

ler. *St. Eriksgatan 70* | *Vasastan* | *www.recordhunter.se* | *Bus 4: St. Eriksplan | Grüne Linie: St. Eriksplan*

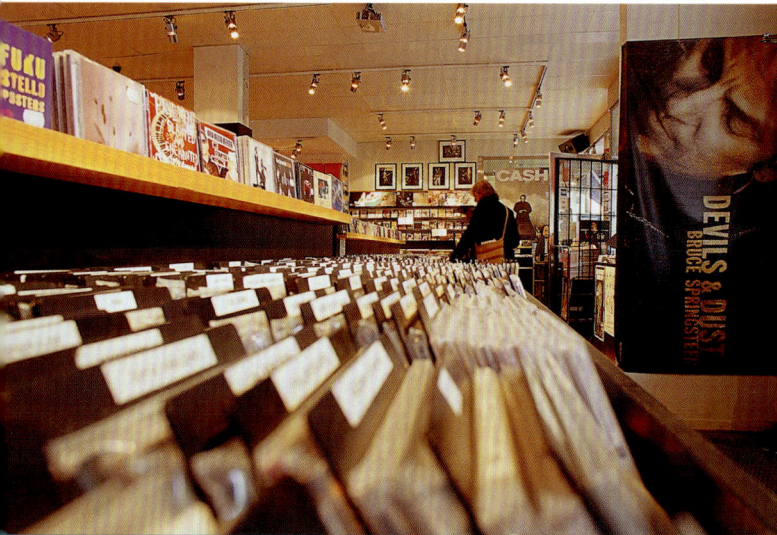

Die LP ist wieder im Kommen. Bei Pet Sounds Records weiß man das schon lange

WHYRED ▶▶ [121 D1]
Angesagtes Label mit junger Mode. *Mäster Samuelsgatan 5* | *Norrmalm* | *www.whyred.se* | *Bus 1, 2, 55, 56: Stureplan | Rote Linie: Östermalmstorg*

MUSIK

PET SOUNDS RECORDS ▶▶ [128 B4]
Die Institution für Musikfans! Große Auswahl an CDs, neuen und gebrauchten LPs und DVDs. *Skånegatan 53* | *Södermalm* | *www.petsounds. se* | *Grüne Linie: Medborgarplatsen*

RECORD HUNTER [123 D5]
Neue und gebrauchte CDs, Mainstream und Hip Hop. Oldies im Kel-

SECONDHAND

LISA LARSSON [128 C4]
Seit vielen Jahren verkauft die Ikone der Stockholmer Secondhandszene Mode der 1950er- bis 1970er-Jahre. *Mo geschl.* | *Bondegatan 48* | *Södermalm* | *Grüne Linie: Medborgarplatsen*

SIVLETTO ▶▶ [128 C5] Insider Tipp
Eine schmale Wendeltreppe führt Sie hinunter ins Amerika der 1950er-Jahre. Retro und Vintage, Pomade, Musik – alles für Rockabillys! *Mo geschl.* | *Malmgårdsvägen 16–18* | *Södermalm* | *www.sivletto.com* | *Grüne Linie: Skanstull*

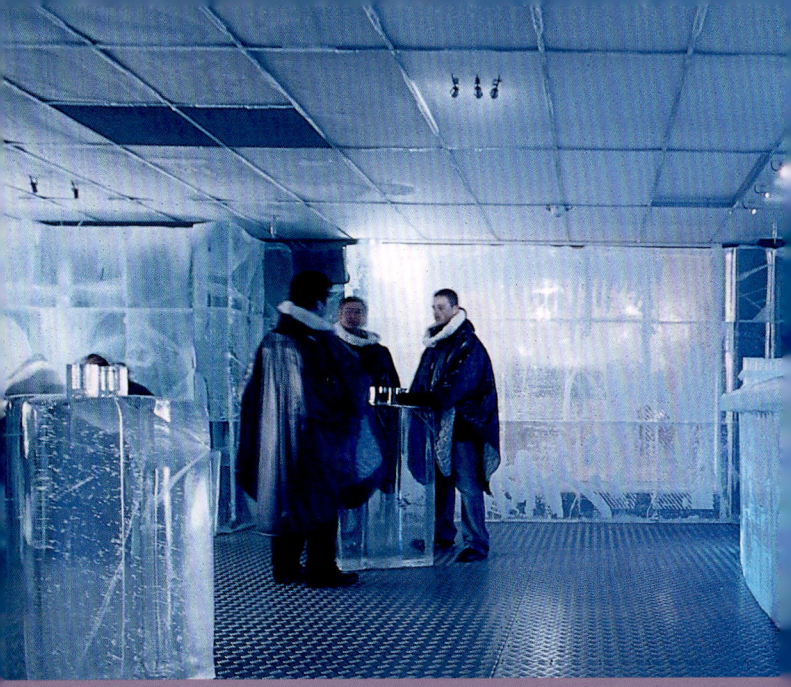

> PARADIES FÜR NACHTSCHWÄRMER

Stockholms Partyleben geht erst spätnachts richtig los.
Wer früh kommt, braucht Durchhaltevermögen,
erspart sich aber langes Warten und manchmal den Eintrittspreis

> **Egal, ob Sommer oder Winter: Die Stockholmer stürzen sich zu jeder Jahreszeit ins quirlige Nachtleben der Hauptstadt, das von hippen Diskotheken bis zu urigen Pubs mit Livemusik alles bietet. Die schicken Clubs liegen meist in Östermalm, gemütlich-entspannte Kneipen und Gaylokale in Södermalm.**

Langes Schlangestehen gehört übrigens in Stockholm zum Ausgehen dazu; man wartet ruhig ab, bis einem Einlass gewährt wird. Dafür kann allerdings das Outfit entscheidend sein. Denn ob Sie hineinkommen, bestimmen die kantigen Türsteher, die vor allem rund um den exklusiven Stureplan entsprechend wählerisch sind. Wer langes Warten vermeiden will, sollte früh erscheinen. So umgehen Sie auch den hohen Eintritt (ab 10 Euro), den viele Clubs erst ab einem späten Zeitpunkt verlangen. Für Diskos, Clubs und Kneipen gilt oft ein Mindestalter von 20 oder 23 Jahren.

Bild: Absolut Icebar

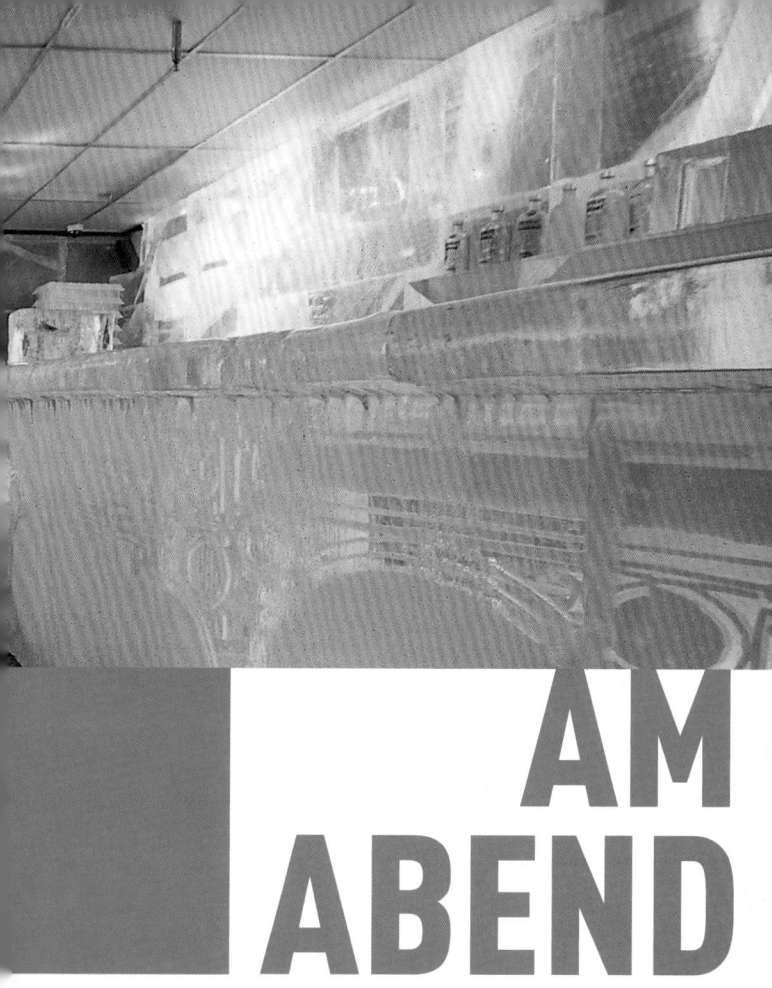

AM ABEND

Stockholm war 1998 Kulturhauptstadt Europas und hat sich diese Ehre besonders durch seine junge Musikszene verdient, die internationale Künstler wie *The Knife* (Indietronic), *Viktoria Tolstoy* (Jazz), *Sophie Zelmani* (Country), *Lykke Li* (Indie-Pop), *Miss Li* (Pop, Blues, Jazz) und *Anna Ternheim* (Jazz, Folk, Blues) hervorgebracht hat. Oper, Ballett und klassische Musik finden bei den Hauptstädtern großes Interesse. Ab-

gesehen von erstklassigen schwedischen Künstlern wie *Anne Sophie von Otter* und *Malena Ernman* gastieren in der Hauptstadt regelmäßig renommierte Musiker aus aller Welt.

Filme werden stets im Original mit schwedischen Untertiteln gezeigt. Kinotickets können Sie auch über das Internet buchen *(www.sf.se)*. Frühzeitig reservieren! Konzert- oder Theatertickets bekommen Sie im Vorverkauf auch beim *Stockholm*

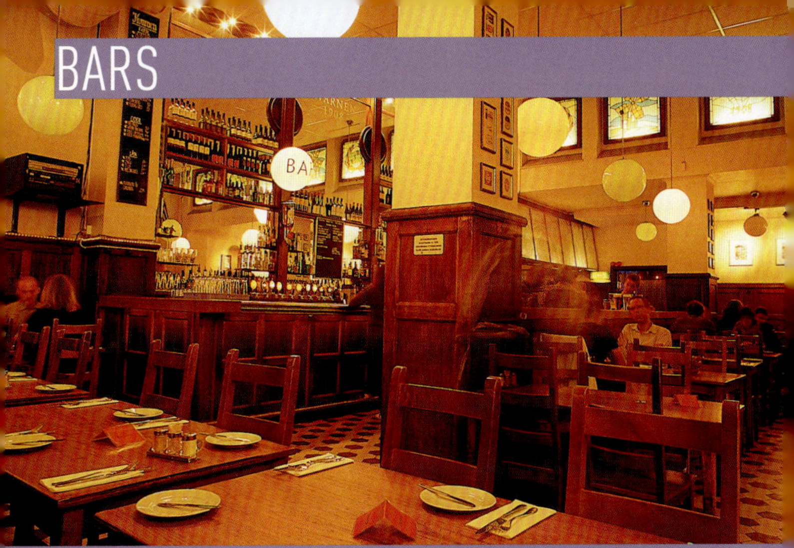

BARS

![Keine Schnörkel, kein Chichi, dafür Gutes vom Fass und deftige Kost: Bierhalle Kvarnen]

Keine Schnörkel, kein Chichi, dafür Gutes vom Fass und deftige Kost: Bierhalle Kvarnen

Tourist Centre und bei *Biljett Direkt (Tel. 077/170 70 70 | Mo–Fr 9–19, Sa 10–16, So 10–15 Uhr | www. ticnet.se).* Alle Veranstaltungstipps in der Donnerstagsbeilage von *Dagens Nyheter, På Stan* und in der Broschüre *What's on?* (im Touristenbüro).

■ BARS ■

ABSOLUT ICEBAR ⭐ [120 A2]

Supercoole Bar, in der Sie bei minus fünf Grad Cocktails aus Eisgläsern trinken. Ein Erlebnis! Von der Decke bis zum Fußboden ist alles aus nordschwedischem Eis. Gegen die Kälte gibt's Handschuhe und dicke Umhänge. Unbedingt im Voraus buchen! *Sehr stark variierende Öffnungszeiten | Eintritt ab 180 SEK | im Nordic Sea Hotel | Vasaplan 4 | Norrmalm | Tel. 50 56 31 24 | www.nordicseaho tel.se | Alle Linien: Centralen*

🟨 Insider Tipp ALLMÄNNA GALLERIET 925 [122 C5]

Stockholms geheimster Bartipp liegt in einer ehemaligen Druckerei. Hier mischt sich Industrieambiente mit Kunstinteresse (Ausstellungen), Bar, Restaurant und alternativer Livemusik (Mi). Gehen Sie in den Eingang Nr. 37 (rechte Tür), ein winziges Schild verweist auf die Bar im oberen Stock. *So, Mo geschl. | ab 20 Jahren | Kronobergsgatan 37 | Kungsholmen | Tel. 41 06 81 00 | www.ag925.se | Bus 4, 40, 77: Fleminggatan | Blaue, grüne Linie: Fridhemsplan*

GONDOLEN ⭐ 🍽 [121 D6]

In dieser Bar schweben Sie zwischen Himmel und Erde, genießen Ihren Cocktail mit einem phantastischen Blick auf Stockholm. *So geschl. | Stadsgården 6 | Södermalm | www. eriks.se | Bus 2, 3, 43, 53, 55, 71, 76: Slussen | Rote, grüne Linie: Slussen*

KVARNEN [128 B4] 🟨 Insider Tipp

Klassische Bierhalle mit Fassbier und deftiger Hausmannskost. *Mindestalter So–Do 21, Fr–Sa 23 Jahre | Tjärhovsgatan 4 | Södermalm | Tel. 643 03 80 |*

www.kvarnen.com | *Grüne Linie:*
Medborgarplatsen

 MÄLARPAVILJONGEN ▶▶   [126 C1]
Genau richtig, um einen lauen Sommerabend entspannt ausklingen zu lassen: angesagte Lounge-Bar zum Draußensitzen am Wasser. *Norr Mälarstrand 64 | Kungsholmen | Tel. 650 87 01 | www.malarpaviljongen. se | Bus 1, 4, 40, 62: Fridhemsplan | Blaue, grüne Linie: Fridhemsplan*

 OCH HIMLEN DÄRTILL ☀   [128 B4]
Einst saß das Finanzamt in diesem Hochhaus, heute residiert hier Stockholms neueste Skybar mit atemberaubender Aussicht. *So geschl. | Skatteskrapan | Götgatan 78 | Södermalm | www.restauranghimlen.se | Grüne Linie: Medborgarplatsen*

■ CLUBS & DISKOTHEKEN ■
2.35:1 IM BERNS ▶▶   [121 D2]
Schicker, hipper Upperclass-Nachtclub mit Bar, Restaurant, Lounge und Terrasse zum Draußensitzen. Livekonzerte. Gespielt wird hier alles von Hip-Hop und House bis Jazz und Soul. *Mo–Mi geschl. | Eintritt 150 SEK | ab 20 Jahren | Berzelii Park | Östermalm | Tel. 56 63 22 22 | www.berns.se | Blaue Linie: Kungsträdgården*

CAFÉ OPÉRA ▶▶   [120 C2]
Junges, schickes Publikum trifft sich in dieser populären Diskothek im alten Operngebäude von 1891. Edles Ambiente mit Kronleuchtern und Ledersesseln. *Eintritt ab 22 Uhr 180 SEK | ab 23 Jahren | Operahuset | Karl XII:s torg | Kungsträdgården | Norrmalm | www.cafeopera.se | Bus 2, 43, 55, 62, 65, 71, 76: Karl XII:s torg | Blaue Linie: Kungsträdgården*

DEBASER ▶▶   [121 D5]
Hipper Club für Pop und Rock mit DJs und Livebands. Viele Musikevents. *Ab 20 Jahren | Karl Johans torg 1 (zwischen Gamla Stan und*

MARCO POLO HIGHLIGHTS

★ **Absolut Icebar**
Eiskalte Drinks bei –5 Grad (Seite 76)

★ **Kungliga Operan**
Ballett und Opern wie für die Royals (Seite 80)

★ **Fasching**
Ein Muss: Stockholms legendärer Jazzclub (Seite 78)

★ **Drottningholms Slottsteater**
Barockopern in historischem Ambiente und mit raffinierter Bühnentechnik des 18. Jhs. (Seite 81)

★ **Dramaten**
Auf dieser Bühne agiert Schwedens Schauspielerelite (Seite 81)

★ **Gondolen**
Cocktailbar mit himmlischer Aussicht (Seite 76)

★ **Konserthuset**
Klassische Musik von Königlichen Philharmonikern (Seite 80)

★ **Mosebacke Etablissement**
Folk, Jazz, Rock, Reggae – der Klassiker unter den Clubs (Seite 78)

Slussen) | *www.debaser.se* | *Rote,
grüne Linie: Gamla Stan oder Slussen*

ENGELEN [121 D5]

Musikpub in einer früheren Apotheke
mit Nachtclub *Kolingen* im Gewölbe-
keller. Coverbands spielen Oldies,
Pop und Rock. *Eintritt So–Do nach 20
Uhr 60 SEK, Fr–Sa nach 20 Uhr 90
SEK | ab 23 Jahren | Kornhamnstorg
59 | Gamla Stan | www.engelen.se |
Rote, grüne Linie: Gamla Stan*

FASCHING ⭐ [120 A1]

Legendärer Jazzclub mit Livemusik
schwedischer und internationaler
Stars. Nachtclub. Samstags Soulclub
mit schwarzer Musik der 1960er- und
1970er-Jahre *(ab 24 Uhr | Eintritt
100 SEK | ab 20 Jahren | www.club
soul.net). So–Do Konzertstart 20
Uhr, Fr–Sa Konzertstart 21 Uhr | ab
20 Jahren (nach 24 Uhr) | Kungsga-*

tan 63 | Norrmalm | Tel. 53 48 29 60
| *www.fasching.se* | *Bus 1, 47, 53, 65:
Kungsgatan | Alle Linien: Centralen*

MOSEBACKE
ETABLISSEMENT ⭐ ▶▶ [128 B3]

Klassischer Club mit Jazz, Folkmusik,
Reggae, Rock, Salsa. Nachtclub,
Livekonzerte. Im Sommer auch auf
der großen Terrasse. Gemischtes Publikum, legere Kleidung. *Jazzbrunch
(Sa–So 10.30–15 Uhr). So–Do ab 18,
Fr–Sa ab 20 Jahren | Mosebacke torg
3 | Södermalm | Tel. 55 60 98 90 |
www.mosebacke.se | Bus 2, 3, 43, 53,
55, 71, 76: Slussen | Rote, grüne Li-
nie: Slussen*

SPY BAR ▶▶ [124 A5]

Angesagter Nachtclub, in dem sich
Stockholms betuchte Jugendliche und
VIPs tummeln. Clubhits von Hip-Hop
bis Electro. *So–Di geschl. | Eintritt*

▶ EINE FRAGE DER HERKUNFT
Jeder gegen jeden – Klassenkampf im Fußballstadion

In Stockholm spielen gleich drei der
besten und populärsten Fußballvereine
Schwedens – die Kultclubs AIK, Djurgården und Hammarby. Jeder steht für
einen Stadtteil – und damit auch für eine
bestimmte Lebensanschauung. Im Nord-
westen, im Arbeiterviertel Solna, sind
der AIK (*www. aik.se*) und seine Fans zu
Hause. Die schwarz-gelben Jungs mit den
Topfußballern Ivan Óbolo und Dulee
Johnson spielen im Nationalstadion
Råsunda. Das teilen sie sich mit einem
ihrer schärfsten Gegner: den hell- und
dunkelblauen Trikotträgern von *Djurgården* (*www.dif.se*). Die Truppe mit den
Stars Mattias Jonson und Pa Denbo

Touray spielte einst im Olympiastadion in
Östermalm, musste dann aber ins feind-
liche Solna ausweichen. Für einen Djur-
gårdenfan aus Östermalms Upperclass-
Milieu eine echte Kampfansage! Und
dann sind da noch die gefürchteten
Anhänger von *Hammarby* (*www.ham
marby-if.se*), dem grün-weißen Club
Södermalms mit Nationaltorwart Rami
Shaaban, Hochburg der Arbeiter und
Alternativen. So kämpft der Stockholmer
Fußballfan auf breiter Front, schließlich
gilt es nicht nur den eigenen Verein,
sondern die eigene Lebensanschauung
zu verteidigen. Tickets: *Tel. 077/
170 70 70 | www.ticnet.se*

Mi–Do 90 SEK, nach 2 Uhr 120 SEK, Fr–Sa nach 2 Uhr 160 SEK | ab 23 Jahren | Birger Jarlsgatan 20 | Östermalm | *www.thespybar.com* | Bus 1, 2, 55, 56: Stureplan | Rote Linie: Östermalmstorg

malm | *Tel. 56 26 00 00* | *www.sf.se* | Grüne Linie: Hötorget

ZITA [124 A5] Insider Tipp

Altes Programmkino mit internationalen Qualitätsfilmen, Themenwo-

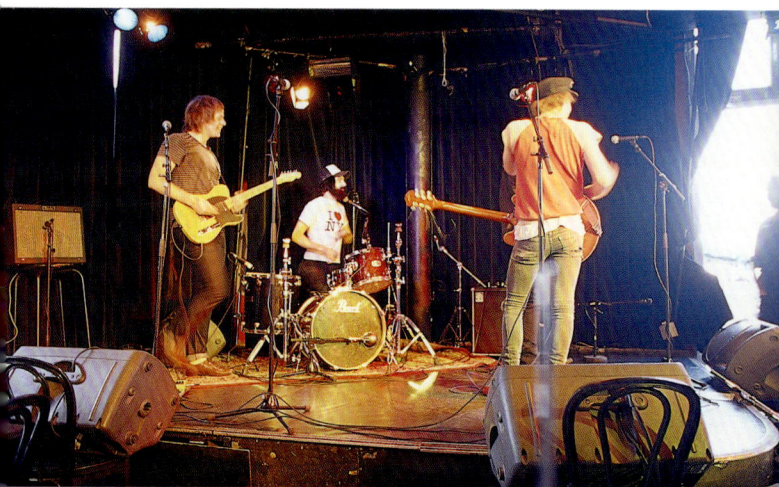

Im Mosebacke Etablissement gibt's ehrlichen, handgemachten Rock – oder Reggae, Folk, Jazz

▬ KINOS ▬

COSMONOVA [0]

Imax-Kino mit gigantischer Leinwand, auf der faszinierende Tier- und Landschaftsfilme gezeigt werden. Außerhalb. Vorstellungen jeweils zur vollen Stunde. *Di–Fr 10–18, Sa–So 11–19 Uhr* | *Eintritt 85, Kinder (5–18 J.) 50 SEK* | *Naturhistoriska Riksmuseet* | *Frescativägen 40* | *www.nrm.se* | *Bus 40, 540: Universitetet* | *Rote Linie Richtung Mörby: Universitetet*

FILMSTADEN SERGEL [120 B1]

Riesiger, moderner Filmpalast für aktuelle Streifen. *Hötorget* | *Norr-*

chen und Filmfestivals. *Birger Jarlsgatan 37* | *Östermalm* | *Tel. 23 20 20* | *www.zita.se* | *Bus 1, 2, 55, 56: Stureplan* | *Rote Linie: Östermalmstorg*

▬ MUSICALS & REVUEN ▬

CIRKUS [129 D–E2]

Wo einst Elefanten herumtrabten und Trapezkünstler schaukelten, ist heute eine Bühne für Shows und Musicals untergebracht. Einer der größten Erfolge: das Abba-Musical *Mamma Mia. Djurgårdsslätten 43–45* | *Djurgården* | *Tel. 660 10 20* | *www.cirkus.se* | *Bus 47: Skansen* | *Straßenbahn ab Norrmalmstorg: Skansen*

OSCARSTEATERN [120 A1]
Musical- und Revuetheater im alten Jugendstilgebäude von 1906. *Kungsgatan 63 | Norrmalm | Tel. 20 50 00 | www.oscarsteatern.se | Bus 1: Vasagatan | Alle Linien: Centralen*

▮ OPER & KONZERTE ▮

KONSERTHUSET ⭐ [120 B1]
Hier proben und spielen die 105 Königlichen Philharmoniker Klassisches und Jazz. *Hötorget 8 | Norrmalm | Tel. 50 66 77 88 | www.konserthuset.se | Bus 1, 56, 59: Hötorget | Grüne Linie: Hötorget*

KUNGLIGA OPERAN ⭐ [120 C2]
Große Bühne mit internationalem Renommee, auf der klassische Ballett- und Opernaufführungen präsentiert werden. *Gustav Adolfs torg | Tickets: Jakobs torg 2 | Norrmalm | Tel. 791 44 00 | www.operan.se | Bus 62, 65: Gustav Adolfs torg, Karl XII:s torg | Blaue Linie: Kungsträdgården*

NYBROKAJEN 11 [121 D2]
Im früheren Haus der Musikalischen Akademie gibt's Klassik, Liederabende und Operetten. **Stallet** ist die Bühne für Folk- und Weltmusik im selben Gebäude. *Nybrokajen 11 | Norrmalm | Tel. 407 17 00 | www.nybrokajen11.rikskonserter.se | Bus 47, 62, 69, 76: Nybroplan | Blaue Linie: Kungsträdgården*

Insider Tipp

▮ SCHWUL & LESBISCH ▮

Infos und Tipps für Schwule und Lesben gibt es beim *Reichsverband für sexuelle Gleichberechtigung (RFSL) | Sveavägen 57–59 | Norrmalm | Tel. 50 16 29 50 | www.rfsl.se/stockholm | Grüne Linie: Rådmansgatan* und unter *www.qx.se/gaymap*.

ROXY [128 C4]
Mitten im Trendviertel Sofo liegt dieses Restaurant mit spanischem Touch und Bar-Lounge. *Mo geschl. | Nytorget 6 | Södermalm | www.roxysofo.se | Grüne Linie: Medborgarplatsen*

TORGET ▶▶ [120 C5]
Populäre Gaybar mit Restaurant, sonntags Brunch. Livekonzerte. *Mälartorget 13 | Gamla Stan | Tel. 20 55 60 | www.torgetbaren.com | Rote, grüne Linie: Gamla Stan*

▮ THEATER & TANZ ▮

DANSENS HUS [123 E–F5]
Schwedens größte Bühne für zeitgenössischen schwedischen und inter-

---

▶ LOW BUDGET

▶ Studenten der Königlichen Musikhochschule [124 B3] geben regelmäßig Klassik-, Jazz- oder Folkkonzerte, die entweder gratis oder sehr günstig sind. *Kungliga Musikhögskolan | Valhallavägen 105 | Tel. 16 18 00 | www.kmh.se | Bus 4: Musikhögskolan | Rote Linie Richtung Mörby: Stadion*

▶ Für wen das Musikerlebnis entscheidend ist und nicht der Blick auf die Bühne, der kann für 40 SEK ein Opernticket für einen *lyssnarplats* (Zuhörerplatz) für die *Kungliga Operan* kaufen. Infos und Tickets unter *Tel. 791 44 00* oder *www.operan.se*.

▶ Im Programmkino *Zita* ist montags Kinotag; dann kosten alle Tickets nur 70 SEK. *Birger Jarlsgatan 37 | www.zita.se | Bus 1, 2, 55, 56: Stureplan | Rote Linie: Östermalmstorg*

nationalen Tanz, auf der die besten Ensembles der Welt gastieren. *Barnhusgatan 14 (im Folkets Hus) | Norrmalm | Tel. 50 89 90 90 | Kasse Mo bis Fr 14–18, Sa 14–19 Uhr | www.dansenshus.se | Bus 47, 53, 65: Norra Bantorget | Alle Linien: Centralen*

KUNGLIGA DRAMATISKA TEATERN (DRAMATEN) ⭐ [121 D1]

Das *Dramaten* gilt als wichtigste Bühne Schwedens – berühmte Filmstars wie Greta Garbo und Ingrid Bergman begannen hier ihre Karriere. Bekanntester Regisseur: Ing-

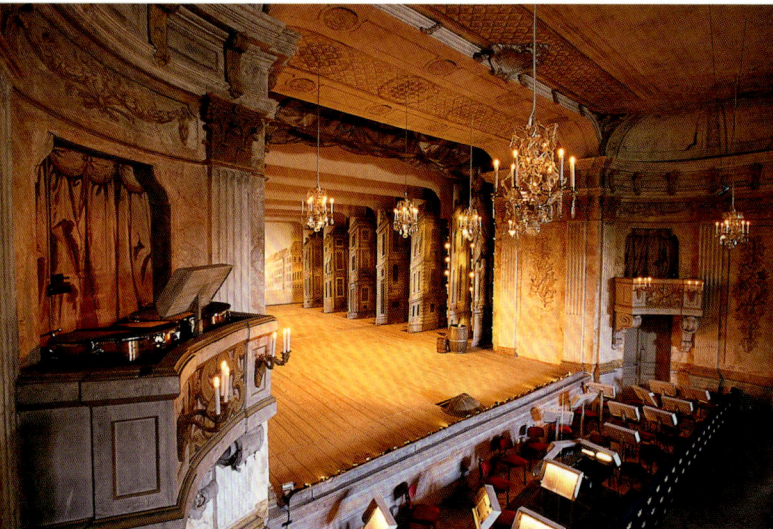

In Drottningholms Schlosstheater von 1766 erleben Sie historische Bühnentechnik

DROTTNINGHOLMS SLOTTSTEATER ⭐ [0]

Im original erhaltenen Theaterjuwel von 1766 werden hauptsächlich Barockopern gezeigt. Spannend ist die alte Bühnentechnik mit Fallluken, Wind- und Donnermaschinen. Früh buchen! *Mai–Sept. | Drottningholm | Tel. 660 82 25 | www.dtm.se | Grüne Linie Richtung Hässelby Strand oder Åkeshov: Brommaplan, dann Bus 176, 177, 323, 338: Drottningholm oder Schiff ab Stadshuskajen*

mar Bergman (1918–2007), der das Theater 1963–66 leitete und hier rund 30 Stücke inszenierte. Auf den sechs Bühnen gibt das über 100-köpfige Ensemble rund 1000 Vorstellungen im Jahr, das Repertoire reicht von Klassikern bis zu experimentellen Stücken. Hier gastieren auch internationale Produktionen. *Nybroplan | Östermalm | Tel. 667 06 80 | www.dramaten.se | Bus 47, 62, 69, 76: Nybroplan | Rote Linie: Östermalmstorg*

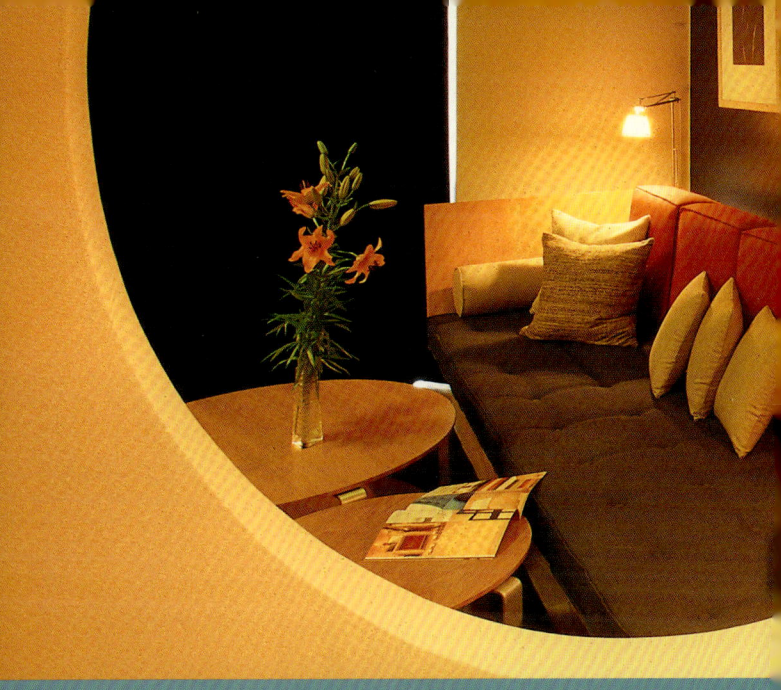

> GOD NATT!

Designhotels sind das Aushängeschild der Hauptstadt des guten Geschmacks. Einfache Quartiere überzeugen dagegen durch ihre Lage – am Wasser, auf einem Dreimaster oder einer Insel

> **Der Tourismus boomt, die Kapazitäten sind fast ausgeschöpft: Stockholm ist ein sehr attraktives und beliebtes Urlaubsziel. Besonders die Zahl der Besucher aus dem Ausland steigt stetig, seit die Stadt auch verstärkt von Billigfliegern angesteuert wird. Das Übernachtungsangebot wird ständig ausgebaut; neue Hotels schießen wie Pilze aus dem Boden, alte werden umgebaut oder erweitert.**

Fast 40 000 Betten stehen den Gästen zur Verfügung, die Bandbreite der Hotels reicht von einfach bis luxuriös, von klassisch bis modern. Designerhotels wie das *Nordic Light Hotel,* das *Birger Jarl* oder das *Clarion Sign* mit Dachterrassenpool und Spa sind im Trend und setzen neue Maßstäbe im Hinblick auf Architektur und Inneneinrichtung. Aber auch die traditionsreichen Hotels wie etwa das erstklassige *Grand Hôtel* haben in Technik und Design investiert und bieten ihren Gästen Wohlfühlam-

Bild: Hotel Birger Jarl

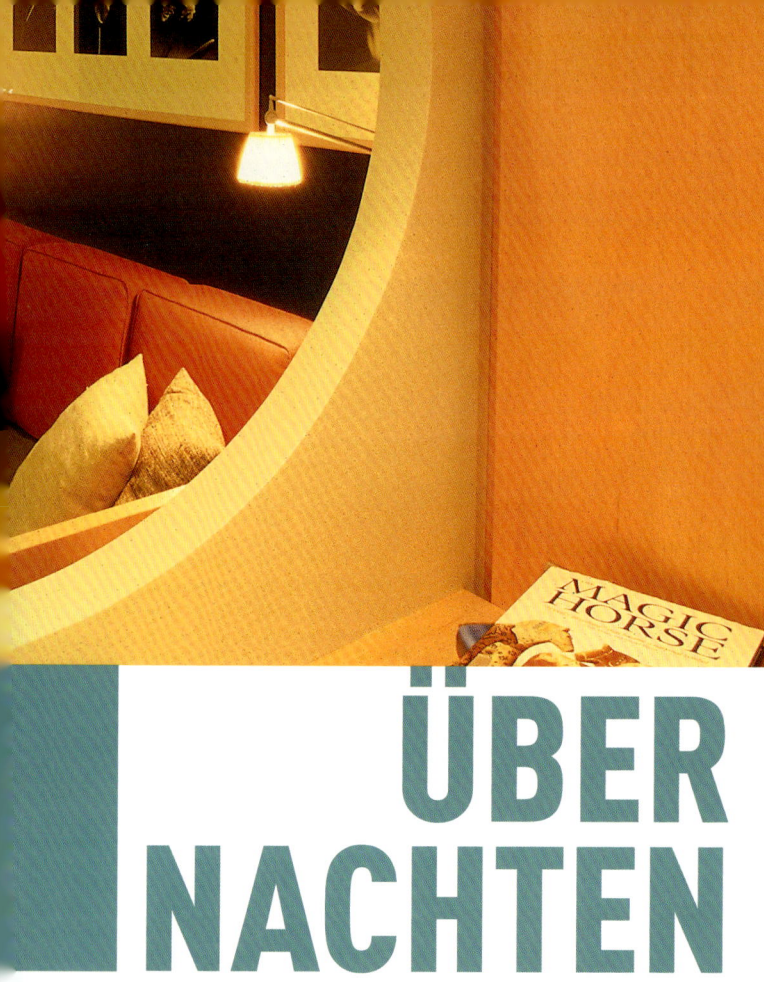

ÜBER
NACHTEN

biente und perfekten Service. Viele Häuser zeichnen sich außerdem durch ihre einzigartige Lage am Wasser aus – wie das *Hotel J Nacka Strand* oder die *Villa Källhagen*. Das Preisniveau ist insgesamt recht hoch.

Doch auch wer einfachere Unterkünfte sucht, kann in Schwedens Hauptstadt fündig werden und durchaus originell absteigen: zum Beispiel im alten Dreimaster *Af Chapman* oder in einer ehemaligen Gefängniszelle

auf Långholmen. Die Jugendherbergen verfügen meistens über neuesten Standard und sind durchaus eine Übernachtungsalternative, viele bieten Doppel- oder Familienzimmer.

Trotz des großen Unterkunftangebots kann es besonders außerhalb der Sommerferien zu Hotelengpässen kommen, da Stockholm auch bevorzugte Destination Geschäftsreisender und Kongressteilnehmer ist. Buchen Sie deshalb Ihre Unterkunft unbe-

dingt frühzeitig! Auf der Homepage des *Stockholm Tourist Centre (www. stockholmtown.com)* können Sie unter der Rubrik *Hotel Online* (auf Schwe-

dieses Hotels mitgearbeitet und durften sich bei Form und Farbe richtig ausleben. Dabei haben sie sich von der Natur des Nordens inspirieren

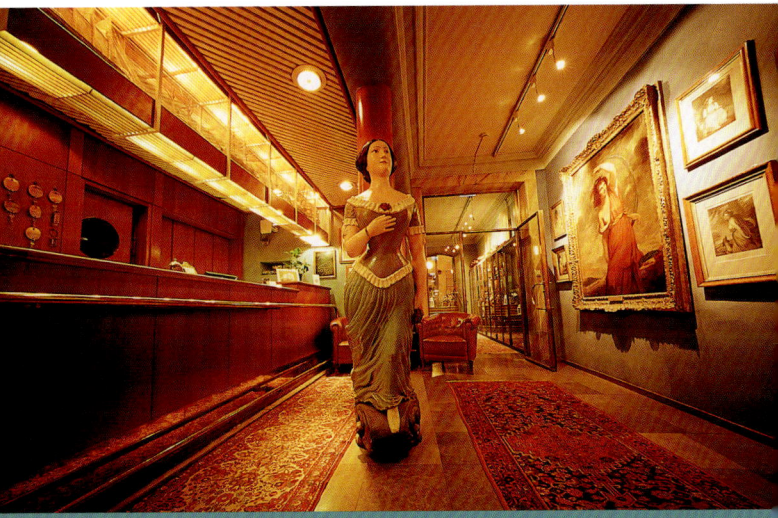

Im Lady Hamilton Hotel in Gamla Stan genießen Damen besondere Aufmerksamkeit

disch und Englisch) Zimmer direkt über das Internet buchen. Privatzimmer vermittelt u. a. *Bed & Breakfast Service Stockholm (Sidenvägen 17 | Ekerö | Tel. 660 55 65 | Fax 663 38 22 | www.bedbreakfast.a.se).* Weitere Adressen gibt es unter *www. stockholmtown.com.* Sie können Ihren Städtetrip auch um einen Hüttenurlaub in den Schären verlängern. Infos und Buchung unter: *www.dess.se, www.skargardsstugor.se*

■ HOTELS €€€

HOTEL BIRGER JARL 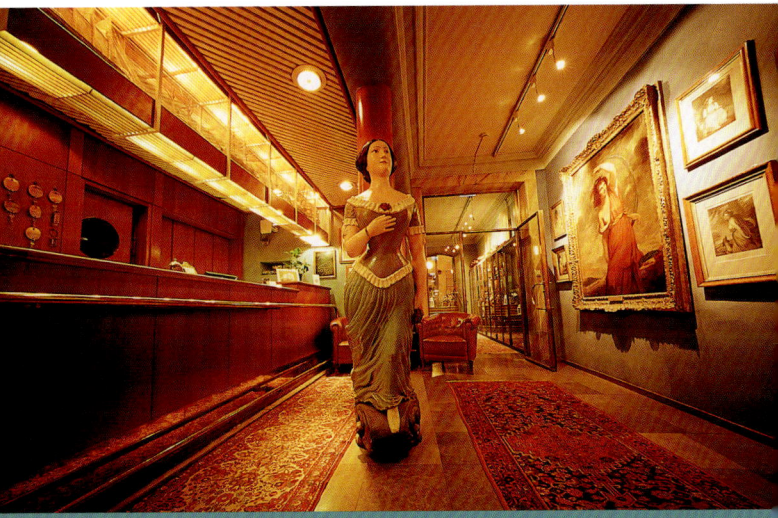 [123 F4]
Die besten Innenarchitekten und Designer Schwedens haben am Konzept

lassen: Helle Birken und frisches Grün spiegeln sich im luftig-leichten Interieur wider, die Herbsttöne der Blätter in den warmen Farben der Wände und Textilien. Naturmaterialien wie Holz und Stein runden den nordischen Charakter des Hotels ab. *235 Zi. | Tulegatan 8 | Vasastan | Tel. 674 18 00 | Fax 673 73 66 | www.bir gerjarl.se | Bus 2: Tegnérgatan | Grüne Linie: Rådmansgatan*

HOTEL DIPLOMAT [121 E2]
Direkt am schönen Strandvägen liegt dieser Hotelklassiker mit Cocktailbar und Restaurant, der traditionelle Eleganz mit moderner Einrichtung ver-

bindet. *129 Zi.* | *Strandvägen 7* | *Östermalm* | *Tel. 459 68 01* | *Fax 459 68 20* | *www.diplomathotel.com* | *Bus 47, 69, 76: Styrmansgatan*

HOTEL HELLSTEN 🔊 [123 F4]

In einem alten Gebäude von 1898 ist dieses moderne Hotel untergebracht, dessen Zimmer alle in kräftigen Farben gestrichen sind. Besitzer und Fotograf Per Hellsten stattete sie mit stilvollen Reiseandenken aus Asien und Afrika aus. Unbedingt Zimmer 1105 buchen, ein Traum in Weinrot und Gold mit kunstvollen Stuckaturen an der Decke, wunderschönem altem Kachelofen und einem kostbaren Kronleuchter, der einst Hellstens Großmutter gehörte. Jeden Donnerstagabend Livejazz. Bar, Sauna. *78 Zi.* | *Luntmakargatan 68* | *Vasastan* | *Tel. 661 86 00* | *Fax 661 86 01* | *www.hellsten.se* | *Grüne Linie: Rådmansgatan*

Insider Tipp

HOTEL J NACKA STRAND ⭐ 🔅 [0]

Etwa 15 Minuten mit dem Schiff von Stockholm entfernt *(www.waxholmsbolaget.se)* liegt dieses moderne Designhotel im schlichten, blau-weißen maritimen Stil in schöner Umgebung. Seine Architekten ließen sich vom amerikanischen Seglerparadies Newport inspirieren. Die meisten Zimmer haben einen Balkon oder Vorplatz, von dem aus Sie die herrliche Sommerfrische mit Blick aufs Wasser genießen können. *45 Zi.* | *Ellensviksvägen 1* | *Nacka Strand* | *Tel. 601 30 00* | *Fax 601 30 09* | *www.hotelj.com* | *im Winter: Bus 414 ab Slussen in Richtung Orminge Centrum: Forum Nacka*

LADY HAMILTON HOTEL 🔊 [120 C4]

Romantisches Hotel im Herzen der Altstadt. Die Zimmer sind mit alten schwedischen Bauernmöbeln eingerichtet, für Damen gibt es spezielle *lady rooms*, die mit frischen Früchten, Mineralwasser, Nagelfeile, Gesichtsmaske und Bademantel bestückt sind. Im Keller des Hauses aus dem 15. Jh. liegen Sauna und Relaxabteilung. *34 Zi.* | *Storkyrkobrinken 5* | *Gamla Stan* | *Tel. 50 64 01 00* | *Fax 50 64 01 10* | *www.lady-hamilton.se* | *Bus 2, 43, 55, 71, 76: Slottsbacken* | *Rote, grüne Linie: Gamla Stan*

Insider Tipp

REX HOTEL 🔊 [123 F4]

Kleineres Hotel mit funktionalen Zimmern in einem renovierten Stadt-

MARCO POLO HIGHLIGHTS

⭐ **Grand Hôtel**
Schwedens bestes Hotel vereint Tradition und Luxus (Seite 86)

⭐ **Nordic Light Hotel**
Lichtdesign für die Sinne (Seite 86)

⭐ **Hotel Rival**
Modernes Design + Hightech = Lifestyle (Seite 86)

⭐ **Hotel J Nacka Strand**
Logieren wie in Newport: Sommerfrische und maritimes Flair vor den Toren Stockholms (Seite 85)

⭐ **Af Chapman**
Sich schön und preiswert in den Schlaf schaukeln lassen: der Jugendherbergsklassiker auf einem alten Dreimaster (Seite 91)

haus von 1866. Das alte Backsteingemäuer ist teilweise noch erhalten, ebenso die originalen Holzfußböden. Im Sommer können Sie Ihren Kaffee im grünen Innenhof einnehmen, sonst im glasüberdachten Frühstückssaal. *57 Zi.* | *Luntmakargatan 73* | *Vasastan* | *Tel. 16 00 40* | *Fax 661 86 01* | *www.rexhotel.se* | *Grüne Linie: Rådmansgatan*

VILLA KÄLLHAGEN   [125 E6]
Idyllisch im Grünen liegt dieses moderne Hotel direkt an der Bucht Djurgårdsbrunnsviken. Wer bei seinem Stockholmaufenthalt keinesfalls

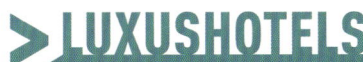

›LUXUSHOTELS
Exquisites Wohnen und Übernachten

CLARION HOTEL SIGN 🔊   [123 E5]
Stockholms größtes Hotel entwarf Stararchitekt Gerd Wingårdh. Ausgestattet ist es mit Möbelklassikern der berühmtesten skandinavischen Designer. Einen phantastischen Blick haben Sie vom ❄ Hoteldach, wo Sie ein Bad im warmen Pool nehmen können. Oder Sie entspannen im luxuriösen *Selma CitySpa+*, z.B. bei der Champagner-Gesichtsmaske. *558 Zi.* | *ab 244 Euro* | *Östra Järnvägsgatan 35* | *Norrmalm* | *Tel. 676 98 00* | *Fax 676 98 99* | *www.clarionsign.com* | *Alle Linien: Centralen*

GRAND HÔTEL ⭐ ❄ 🔊   [121 D2]
Das traditionsreiche Fünfsternehotel von 1874 ist *das* Hotel am Platz und gehört zu den besten der Welt. Hier steigen VIPs ab – Stars, Politiker, ausländische Gäste; auch die Nobelpreisträger dürfen hier wohnen. Das Gebäude atmet Eleganz und Noblesse; perfekter Service, exquisite Küche und der atemberaubende Blick aufs Königliche Schloss machen den Aufenthalt unvergesslich. *376 Zi.* | *ab 363 Euro* | *Södra Blasieholmshamnen 8* | *Norrmalm* | *Tel. 679 35 00* | *Fax 611 86 86* | *www.grandhotel.se* | *Bus 65: Nationalmuseum* | *Blaue Linie: Kungsträdgården*

HOTEL RIVAL ⭐ 🔊   [128 A3]
Erstklassiges Lifestylehotel mit moderner Einrichtung und Hightech vom Feinsten im Trendviertel Södermalm. Es gehört dem Ex-Abba-Mitglied Benny Andersson. Buchen Sie einen *torgrum* (Zimmer mit Blick auf den Platz), dort entspannen Sie in der Badewanne und gucken dabei auf den Mariatorget. Frühstück (175 SEK) gibt es den ganzen Tag, wann immer Sie wollen. Bäckerei, Café. *99 Zi.* | *ab 264 Euro* | *Mariatorget 3* | *Tel. 54 57 89 00* | *Fax 54 57 89 24* | *www.rival.se* | *Rote Linie: Mariatorget*

NORDIC LIGHT HOTEL ⭐ 🔊   [120 A2]
Schon das Lobbylicht ist in diesem Haus künstlerisch gestaltet und sorgt für stimmungsvolle Atmosphäre, die Sie auch in der *Light Bar & Lounge* genießen. In Ihrem Zimmer wählen Sie die Farben des Lichts je nach Seelenlage selbst aus. Außerdem gibt es verschiedene Licht-Therapie-Pakete, z. B. können Sie sich die Lichtbox mit 10 000 Lux gegen Winterdepressionen aufs Zimmer kommen lassen. *175 Zi.* | *ab 280 Euro* | *Vasaplan 7* | *Norrmalm* | *Tel. 50 56 30 00* | *Fax 50 56 30 30* | *www. nordiclighthotel.se* | *Alle Linien: Centralen*

Inside Tip!

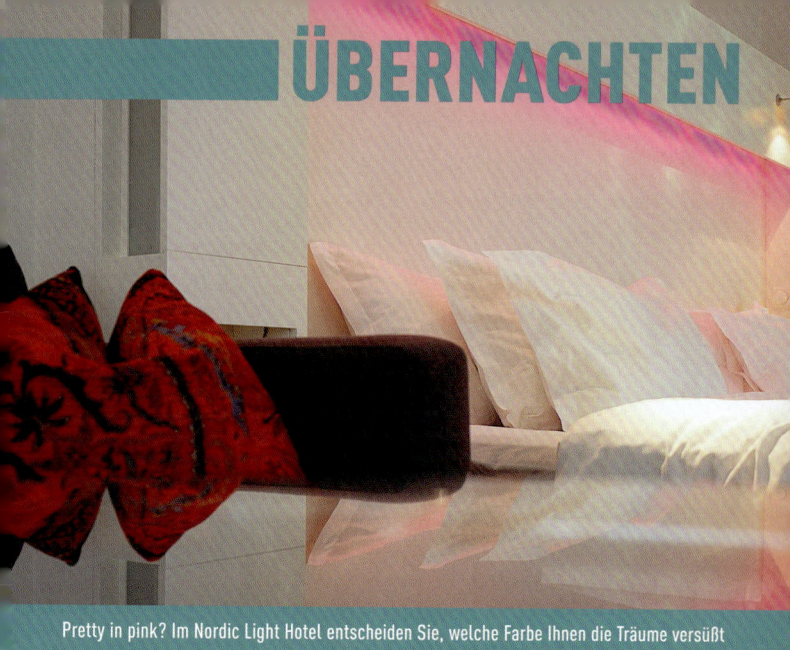

Pretty in pink? Im Nordic Light Hotel entscheiden Sie, welche Farbe Ihnen die Träume versüßt

auf die morgendliche Jogginrunde verzichten möchte, ist in diesem Haus genau richtig. Restaurant mit sehr guter Küche, im Sommer können Sie auch draußen sitzen. *36 Zi. | Djurgårdsbrunnsvägen 10 | Östermalm | Tel. 665 03 00 | Fax 665 03 99 | www.kallhagen.se | Bus 69: Källhagen*

■ HOTELS € €
AUGUST STRINDBERG HOTELL 🔊 ⌐ [123 E5]

Kleines Hotel in ruhiger, zentraler Lage. Einfacher Standard. Das alte Gebäude von 1880 war einst eine Tabakfabrik. Eine Büste des schwedischen Nationaldichters steht im kleinen Innenhof, in dem Sie im Sommer auch frühstücken können. *27 Zi. | Tegnérgatan 38 | Vasastan | Tel. 32 50 06 | Fax 20 90 85 | www.hotell strindberg.se | Grüne Linie: Rådmansgatan*

CLAS PÅ HÖRNET [123 F3]

Dieses alte Gasthaus von 1731 besuchten schon der berühmte schwedische Barde Carl Michael Bellman und sein Gönner Gustav III. Außer einem Restaurant mit sehr guter schwedischer Küche ist hier auch ein kleines Hotel mit Zimmern im Gustavianischen Stil untergebracht. *10 Zi. | Surbrunnsgatan 20 | Vasastan | Tel. 16 51 36 | Fax 612 53 15 | www. claspahornet.se | Rote Linie Richtung Mörby: Tekniska Högskolan*

COLUMBUS HOTELL 🔊 [128 B4]

In der Nähe des angesagten Szeneviertels Sofo liegt dieses Hotel mit persönlicher Atmosphäre in einer ehemaligen Brauerei von 1780. *40 Zi. | Tjärhovsgatan 11 | Södermalm | Tel. 50 31 12 00 | Fax 50 31 12 01 | www.columbus.se | Bus 2, 3, 53, 71, 76: Tjärhovsplan | Grüne Linie: Medborgarplatsen*

HOTEL ADLON 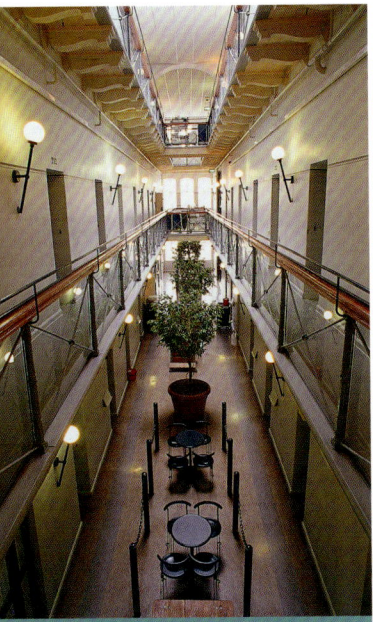 [120 A1]

Modern ausgestattetes Businesshotel in einem alten Gebäude von 1884, in dem die alte Architektur erhalten wurde. Perfekte zentrale Lage in der

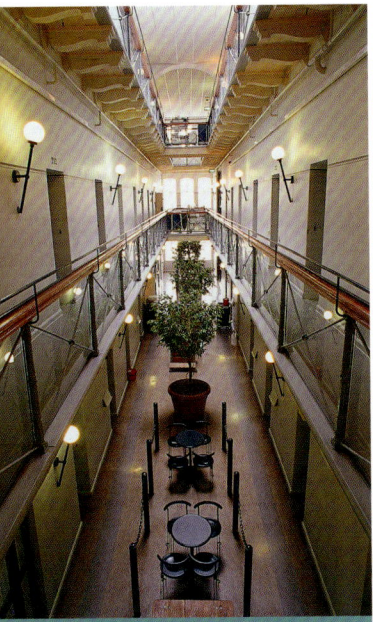

Långholmen Hotell – früher ein Gefängnis

Nähe des Bahnhofs. *94 Zi. | Vasagatan 42 | Norrmalm | Tel. 402 65 00 | Fax 20 86 10 | www.adlon.se | Alle Linien: Centralen*

HOTEL BENTLEYS [123 F5]

Einfaches, preiswertes Hotel in einem Haus der vorletzten Jahrhundertwende mit Stuckaturen an der Decke und schönen Kachelöfen mitten auf der belebten Einkaufsstraße Drottninggatan (Fußgängerzone).

Die Zimmer verteilen sich über vier Etagen und wurden 2004 renoviert. Schöner Frühstücksraum, Sauna. *68 Zi. | Drottninggatan 77 | Norrmalm | Tel. 14 13 95 | Fax 21 24 92 | www. bentleys.se | Grüne Linie: Rådmansgatan*

HOTEL SVEN VINTAPPARE [120 C4] *Insider Tipp*

In einem kleinen Haus von 1607 liegt dieses urgemütliche Hotel an einem ruhigen Platz mitten in der pittoresken Gamla Stan. Die kleinen, schiefen Zimmer sind über mehrere Stockwerke verteilt und im Gustavianischen Stil eingerichtet. Die Bäder wurden aufwendig mit schwedischem Marmor und Granit ausgestattet. Kein Lift! *7 Zi. | Sven Vintappares Gränd 3 (winzige Seitengasse der Stora Nygatan) | Gamla Stan | Tel. 22 41 40 | www.hotelsven vintappare.se | Rote, grüne Linie: Gamla Stan*

KOM HOTEL [123 F4]

Modernes Hotel in ruhiger, aber dennoch zentraler Lage in Norrmalm. Hier dürfen Sie Sauna und Fitnessstudio gratis benutzen. Schöner, heller Frühstücksraum mit großer Glasfront. Spezielle Low-Budget-Zimmer *Insider Tipp* mit eigener Toilette und Dusche sowie Etagenbetten, die Sie selbst machen müssen. *136 Zi. | Döbelnsgatan 17 | Norrmalm | Tel. 412 23 00 | Fax 412 23 10 | www. komhotel.se | Grüne Linie: Rådmansgatan*

LÅNGHOLMEN HOTELL 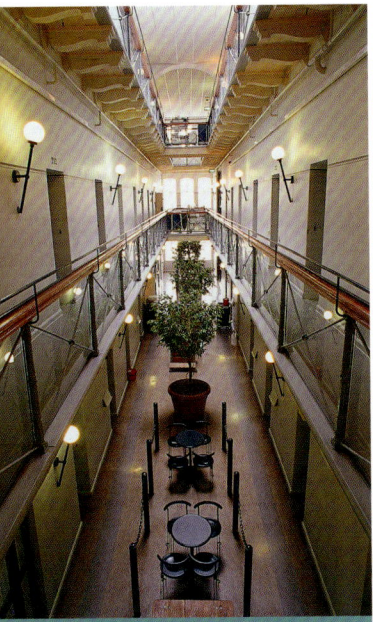 [126 C3]

Wenn Sie noch nie hinter Gittern geschlafen haben, können Sie das hier nachholen: Außer einer Jugendher-

berge gibt es im ehemaligen Gefängnis auf Långholmen auch ein Hotel mit modern eingerichteten Einzel- und Doppelzellen. *102 Zi. | Långholmsmuren 20 | Tel. 720 85 00 | Fax 720 85 75 | www.langholmen.com | Rote Linie: Hornstull*

LILLA RÅDMANNEN [123 E5]

Kleines Hotel nahe der Drottninggatan mit einfachen Zimmern in warmen Farben und persönlicher Atmosphäre. *36 Zi. | Rådmansgatan 67 | Vasastan | Tel. 50 62 15 00 | Fax 50 62 15 15 | www.freyshotels.com | Grüne Linie: Rådmansgatan*

PÄRLAN HOTELL [121 E1]

Die Zimmer in diesem alten Patrizierhaus mit hohen Decken und Kachelöfen sind zwar einfach und nicht groß, aber dafür sind Sie in ein paar Minuten auf der Insel Djurgården oder am Östermalmstorg. Als Gast bekommen Sie hier von den freundlichen Besitzern einen Code für die Eingangstür und können sich dann wie zu Hause fühlen. *9 Zi. | Skeppargatan 27 | Östermalm | Tel. 663 50 70 | Fax 667 71 45 | www.parlanhotell.com | Rote Linie: Östermalmstorg*

■ HOTELS €

ART HOTEL [124 A5]

Einfach, ruhig, zentral, mit günstigen Zimmern, eingerichtet von Studenten der Kunsthochschule. Eher für junge Leute. *19 Zi. | Johannesgatan 12 | Norrmalm | Tel. 402 37 60 | Fax 402 37 70 | www.konstnarsnamnden. se | Grüne Linie: Hötorget*

> BÜCHER & FILME

Auf der Suche nach Liebe, Identität und Mördern

> **Kommissar Beck** – Erfolgreiche TV-Krimireihe um den Stockholmer Polizisten Martin Beck und sein Team, nach den sozialkritischen Thrillern von Maj Sjöwall und Per Wahlöö

> **Eine andere Zeit, ein anderes Leben** – Um einen ungesühnten Mord, politische Intrigen und den Anschlag auf die Deutsche Botschaft in Stockholm 1975 geht es in diesem spannenden und preisgekrönten Stockholmkrimi von Leif G. W. Persson

> **Das ernsthafte Spiel** – Hjalmar Söderbergs berühmter Roman spielt im Stockholm des frühen 20. Jhs. und schildert das Schicksal von Lydia und Arvid, die trotz ihrer starken Liebe nicht zueinander finden können

> **Die Zeit mit Monika** – Für Harry und Monika endet ein leidenschaftlicher Sommer in den Stockholmer Schären mit Kind, Heirat und nüchternem Alltag, der das Paar in eine schwere Krise stürzt. Schwarz-weißer Bergman-Klassiker von 1953

> **Das Kamel ohne Höcker** – Teenager Halim – Mutter Schwedin, Vater Tunesier – philosophiert in seiner eigenen, rebellisch-kreativen Sprache über das Leben. Witzig-melancholischer Roman von Jonas Hassen Khemiri über die schwierige Suche nach der kulturellen Identität, wenn man als halber Schwede und halber Tunesier in einem Stockholmer Vorort lebt

HOTEL MICRO [123 E5]

Im Herzen Stockholms, ruhig gelegen am Park Tegnérlunden, bietet dieses Hotel im Souterrain kleine Zimmer zu kleinen Preisen. Dusche und Toilette auf dem Gang. Ohne Frühstück. Zugang übers Hotel Tegnérlunden. *33 Zi. | Tegnérlunden 8 |*

>LOW BUDGET

> Viele Hotels bieten an Wochenenden und in den schwedischen Sommerferien Zimmer zu deutlich reduzierten Preisen an. Informieren Sie sich deshalb auf der jeweiligen Homepage unbedingt über die aktuellen Preise! Weitere Rabatte erhalten Sie oft bei Buchungen direkt über das Internet.

> Günstig wird Ihr Stockholmaufenthalt mit dem *Stockholmpaket.* Es kann für ein bis drei Tage gebucht werden und umfasst Hotelübernachtung und Stockholmkarte *(www.destination-stockholm.se).* Das *Stockholm Tourist Centre* im Sverigehuset hilft Ihnen bei der Zimmersuche *(Hamngatan 27 | Tel. 50 82 85 08 | Fax 50 82 85 09 | www.stockholmtown.com).*

> Schlafen wie im Hotel, zahlen wie in der Jugendherberge – im *STF Vandrarhem Gärdet* [125 E4], der neuen Designherberge nahe dem Hafen Värtahamnen. Nur Privatzimmer (1–4 Pers.) mit Bettwäsche, TV, Dusche und WC – alles von schwedischen Designern entworfen. EZ ca. 58 Euro, DZ ca. 36 Euro pro Person. *53 Zi. | mit Mitgliedsausweis (www.jugendherberge.de) | Sandhamnsgatan 59 | Tel. 463 22 99 | www.stfturist.se | Bus 1: Sehlstedtsgatan | Rote Linie: Gärdet*

Vasastan | Tel. 54 54 55 69 | www.hotelmicro.se | Grüne Linie: Rådmansgatan

HOTEL TRE SMÅ RUM [127 F4] *Insider Tipp*

Günstig, einfach und sauber ist dieses Minihotel im Untergeschoss eines Wohnhauses. Dusche und Toilette werden mit den anderen Gästen geteilt. Das Frühstück bereiten Sie sich selbst zu. *7 Zi. | Högbergsgatan 81 | Södermalm | Tel. 641 23 71 | Fax 642 88 08 | www.tresmarum.se | Rote Linie: Mariatorget*

STF VANDRARHEM FRIDHEMSPLAN [122 C6]

Abgesehen von Mehrbettzimmern bietet Stockholms modernste Jugendherberge auch Privatzimmer (1–4 Pers.), die nahezu Hotelstandard erreichen. Sie verfügen über TV und Gratis-Internet, einige über eigenes WC und Dusche. *390 Betten, davon 100 DZ | mit Ausweis (www.jugendherberge.de) | St. Eriksgatan 20 | Vasastan | Tel. 653 88 00 | Fax 653 89 20 | www.fridhemsplan.se | Bus 1, 3, 4, 62: Fridhemsplan | Blaue, grüne Linie: Fridhemsplan*

VANADIS HOTELL [123 E3]

Sehr einfaches Hotel in kleinem, grünem Park. Take-away-Frühstück. *67 Zi. | Sveavägen 142 | Vasastan | Tel 30 12 11 | Fax 31 23 91 | www.vanadishotel.com | Bus 49: Frejgatan | Grüne Linie: Rådmansgatan*

VILLA SÖDERÅS [131 D3]

Schönes Landhotel mit Restaurant, Café und Terrasse am Wasser, draußen auf der Insel Lidingö. Von hier aus sind Sie in einer guten halben

Stunde mit Bus und Bahn im Zentrum. *37 Zi. | Elfvik auf Lidingö | Tel. 765 28 95 | Fax 767 59 11 | www.vil lasoderas.se | Rote Linie bis Ropsten, dann mit Bus 204 Richtung Elfvik bis zur Endstation, dort gehen Sie ca. drei Minuten runter zum Wasser.*

ten, ausgemusterten Dreimaster, der 2008 renoviert wurde. Von hier aus haben Sie einen tollen Blick auf die Altstadt! Unbedingt lange im Voraus reservieren! *136 Betten | Flaggmansvägen 8 | Skeppsholmen | Tel. 463 22 66 | Fax 611 71 55 |*

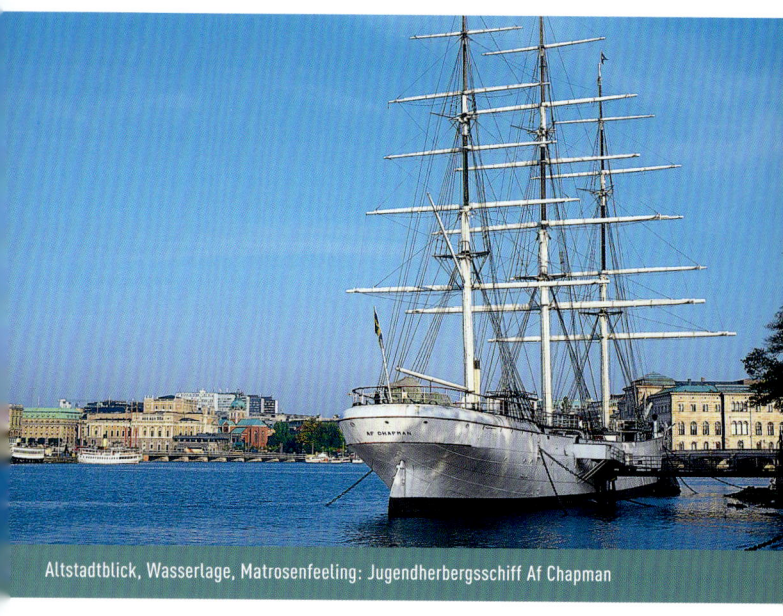

Altstadtblick, Wasserlage, Matrosenfeeling: Jugendherbergsschiff Af Chapman

JUGENDHERBERGEN

LÅNGHOLMEN [126 C3]

Jugendherberge in einem ehemaligen Gefängnis aus dem 19. Jh. auf der Insel Långholmen. *26 Betten | Långholmsmuren 20 | Tel. 720 85 00 | Fax 720 85 75 | www.langholmen.com | Rote Linie: Hornstull*

STF VANDRARHEM
AF CHAPMAN ⭐ [121 E4]

Stockholms beliebteste Jugendherberge in zentraler Lage auf einem al-

www.stfchapman.com | Bus 65: Östasiatiska museet | Blaue Linie: Kungsträdgården

STF VANDRARHEM
ZINKENSDAMM [127 E4]

Im angesagten Viertel Södermalm liegt diese Jugendherberge mit Sauna, Waschsalon und Fahrradverleih. Auch Hotel *(€€)*. *490 Betten | Zinkens väg 20 | Tel. 616 81 00 | Fax 616 81 20 | www.zinkensdamm.com | Rote Linie: Zinkensdamm*

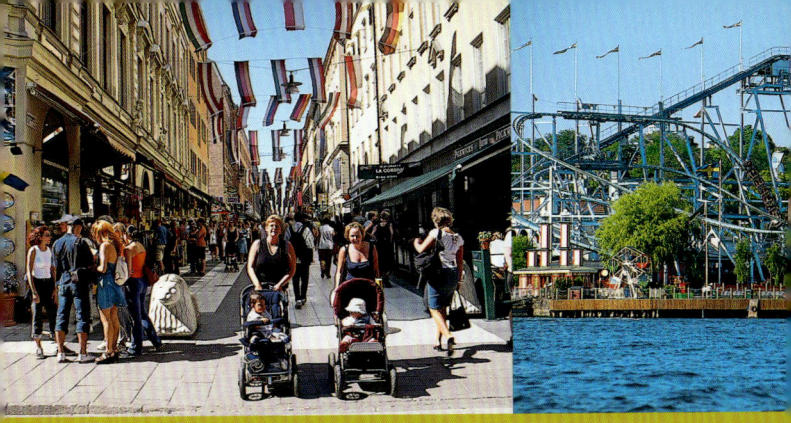

WILLKOMMEN UND RESPEKTIERT

Stockholm ist ausgesprochen kinderfreundlich und bietet kleinen Besuchern jede Menge zum Entdecken

> Es fällt sofort im Stadtbild auf: In Stockholm wimmelt es nur so von Kindern. Die Stadt verzeichnete in den vergangenen Jahren einen starken Babyboom. Und sie macht es den Eltern leicht. Ob bunte Spielecken in Geschäften, leckere Kindermenüs *(barnmeny)* zu reduzierten Preisen oder deutliche Ermäßigungen beim Eintritt: Stockholm ist sehr kinderfreundlich – wie Schweden generell.

Es gibt viele interessante Aktivitäten und spannende Attraktionen für kleine und große Kinder. Viele davon sind umsonst, etwa die vielen Stadtparks, die zum Ballspielen oder Picknicken einladen, oder die schönen Badeplätze mitten in der Stadt wie das *Smedsuddsbadet* auf Kungsholmen. Hier gibt es einen flachen Sandstrand, an dem Kinder prima spielen und plantschen können. Etwas außerhalb liegt das *Flatenbadet* in Skarpnäck mit großem Badeplatz, Sprungturm, Minigolf und Café. Für kleine Kinder eignen sich besonders *Parkleken,* betreute Spielplätze (gratis) wie etwa im *Humlegården* (Östermalm) oder im Va-

Insider Tipp

Insider Tipp

saparken (Vasastan). Übrigens: An Wochenenden haben Kinder unter 12 Jahren freie Fahrt in Bus und U-Bahn, außerdem fährt ein Elternteil mit Kinderwagen in Bussen immer umsonst!

Insider Tip

GRÖNA LUND ⭐ [129 D2]

Stockholms größter Vergnügungspark bietet eine Fülle phantastischer Attraktionen für kleine und große Besucher. Hier kann die ganze Familie in rasender Geschwindigkeit Achterbahn fahren oder sich im Spökhuset so richtig gruseln. *Stark variierende Öffnungszeiten | Eintritt 70 SEK, Kinder unter 7 Jahren frei, Fahrgeschäfte extra | Lilla Allmänna Gränd 9 | Djurgården | Tel. 58 75 01 00 | www.gronalund.com | Bus 44, 47 | Straßenbahn ab Norrmalmstorg: Konsthallen/Gröna Lund | Rote Linie Richtung Ropsten: Karlaplan | Fähre ab Slussen (www.waxholmsbolaget.se)*

JUNIBACKEN ⭐ [128 C1]

Hier treffen Sie sie alle: Pippi, Michel, Ronja und andere Figuren von Astrid

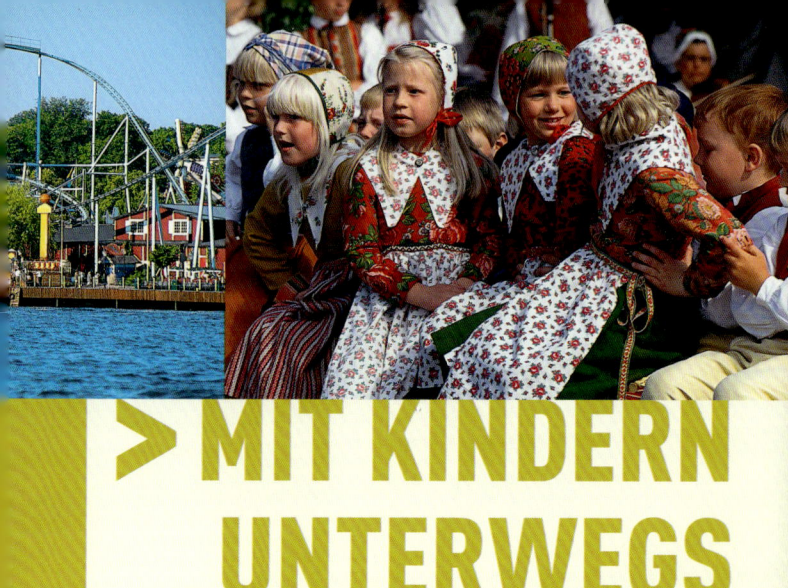

> MIT KINDERN UNTERWEGS

Lindgren. Im Märchenzug fahren Sie vorbei an Szenen aus den bekannten Kinderbüchern, an der Endstation wartet die Villa Kunterbunt, wo die Kinder auf dem Kleinen Onkel reiten oder in Pippis Küche spielen können. Ein Muss für alle kleinen Astrid-Lindgren-Fans! *Sept.–Mai Di–So 10–17, Juni, Aug. tgl. 10–17, Juli tgl. 9–18 Uhr | Eintritt 110 SEK, Kinder (3–15 Jahre) 95 SEK | Galärvarvsvägen | Djurgården | Tel. 58 72 30 00 | www.junibacken.se | Bus 44, 47 oder historische Straßenbahn (www.sparvagssallskapet.se) ab Norrmalmstorg: Nordiska Museet | Rote Linie Richtung Ropsten: Karlaplan*

LIVRUSTKAMMAREN (RÜSTKAMMER)   [121 D3]

In der Rüstkammer des Königlichen Schlosses gibt es einen Raum speziell für Kinder, in dem schöne Ritter und tapfere Prinzessinnen Kleider und Ritterrüstungen anprobieren, spielen und malen können. *Sept.–April Di, Mi, Fr–So 11 bis 17, Do 11–20, Mai Di–So 11–17, Juni bis Aug. tgl. 10–17 Uhr | Eintritt 60 SEK, Kinder unter 19 Jahren frei | Slottsbacken 3 | Gamla Stan | Tel. 402 30 30 | www.lsh.se/liv rustkammaren | Bus 2, 43, 55, 71, 76: Slottsbacken | T-Kungsträdgården*

TEKNISKA MUSEET   [125 F6]

Im *Teknorama* können Kinder technische Errungenschaften verschiedener Epochen ausprobieren und etwa selbst Strom für einen kleinen Zug erzeugen. Ein Erlebnis ist das *Cino4*, ein 3D-Kino, in dem spannende Filme übers Fliegen und über Raumfahrt gezeigt werden, deren besondere technische Effekte den kleinen Zuschauern quasi eine vierte Dimension erschließen sollen. *Mo, Di, Do, Fr 10–17, Mi 10–20, Sa–So 11–17 Uhr | Eintritt 60 SEK, Kinder (6–19 Jahre) 30 SEK, freier Eintritt Mi 17–20 Uhr | Museivägen 7 | Östermalm-Gärdet | Tel. 450 56 00 | www.tekniskamuseet.se | Bus 69: Museivägen*

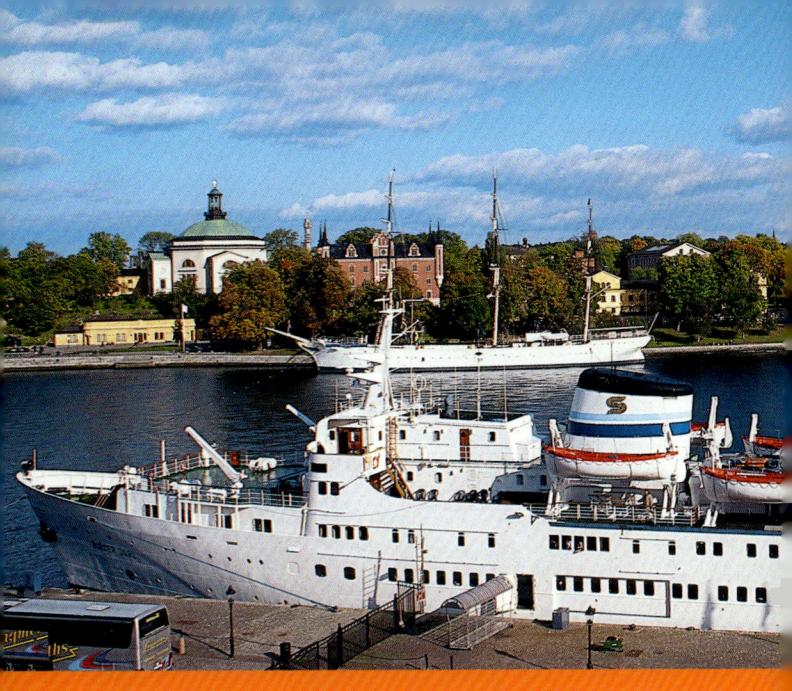

Bild: Blick auf die Insel Skeppsholmen

> AUF KREUZFAHRT IN DER STADT

Steigen Sie ins Boot, und lernen Sie Stockholms Inseln vom Wasser aus kennen. Oder besuchen Sie Skeppsholmen, wo junge Kultur in alten Militäranlagen residiert

Die Spaziergänge sind auf dem hinteren Umschlag und im Cityatlas grün markiert

1 SKEPPSHOLMEN: AUF DEM EINSTIGEN FLOTTENSTÜTZPUNKT

Hafen, Werften, Kriegsmarine: Die Insel Skeppsholmen direkt gegenüber dem Königlichen Schloss war seit dem 17. Jh. wichtige Militärbasis. Mehr als 300 Jahre lang gab es hier Schmieden, Werften und Werkstätten. Seit die schwedische Marine 1969 die Insel verließ, beherbergen viele der alten Gebäude Museen und kulturelle Einrichtungen. Einen halben Tag soll- ten Sie für diesen Spaziergang veranschlagen.

Von Norrmalm aus erreichen Sie die Insel Skeppsholmen über die alte, schmiedeeiserne Brücke Skeppsholmsbron (1862). Um 1640, mitten in der schwedischen Großmachtzeit, verlagerte man die Werftanlagen auf die östliche Seite der Insel Skeppsholmen. Wegen der strategisch günstigen Lage am Einlauf nach Stockholm wurde 1665 auch ein Flotten-

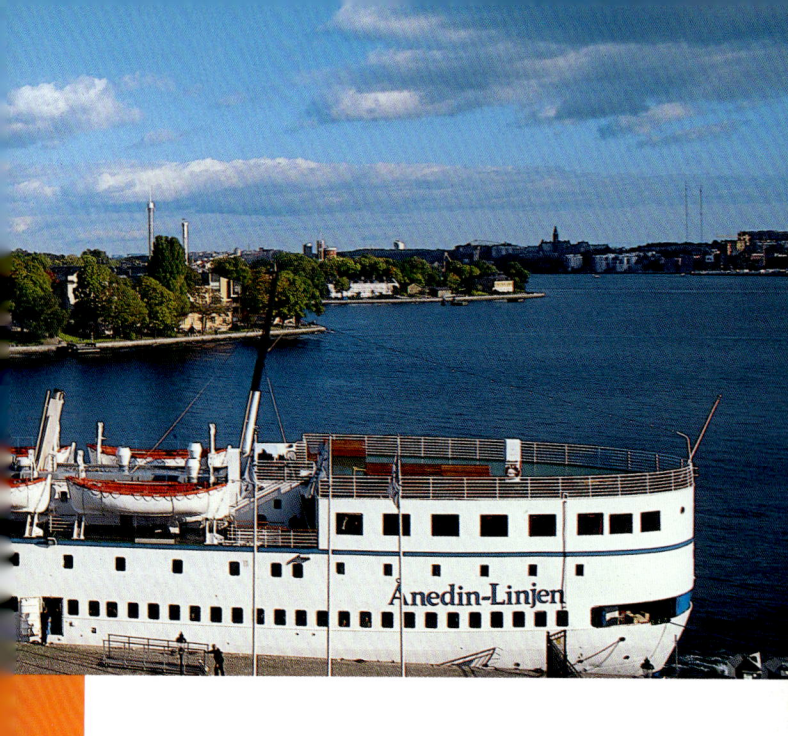

STADT SPAZIERGÄNGE

stützpunkt auf Skeppsholmen und dem benachbarten *Kastellholmen* eingerichtet, und Gebäude für die Kriegsmarine wurden angelegt. Gehen Sie nun rechts zum Wasser, vorbei am **Batteriparken** mit den vier **Schnellfeuerkanonen**, von denen an Geburts- und Namenstagen des Königspaares und der Kronprinzessin Salut geschossen wird. Auf der linken Seite liegt ein wenig erhöht das rote **Admiralitätshaus** (1846). Einst diente es

als Krankenhaus und Wohnstatt der Matrosen, heute ist es Sitz des Schwedischen Touristenvereins. Vor Ihnen auf der rechten Seite liegt das Segelschiff **Af Chapman**. 1888 wurde der Dreimaster in England gebaut, von 1923 an nutzte ihn die schwedische Flotte 20 Jahre lang als Schulschiff. Später kaufte die Stadt Stockholm das Schiff, seit 1949 liegt es hier vor Anker und dient inzwischen als Jugendherberge. An Af Chapman

vorbei setzen Sie Ihren Spaziergang auf dem schmalen Weg rechts am Wasser entlang fort bis zum kleinen Bootsanleger; dort gehen Sie links hoch in den Flaggmansvägen. Auf der rechten Seite passieren Sie die schöne restaurierte **Marinekaserne** aus dem 18. Jh., in der heute die **Königliche Kunsthochschule** untergebracht ist. In Höhe der beiden Tierskulpturen folgen Sie dem Weg nach links bis zum Svensksundsvägen. Rechts vor Ihnen sehen Sie nun die bunte **Skulpturengruppe Paradis** (1963), die Niki de Saint Phalle und Jean Tinguely für die Weltausstellung in Montreal schufen. Halten Sie sich weiter links, und gehen Sie dann schräg rechts hoch in die Kyrkslingan. Oben auf dem Hügel thront die **Skeppsholmskyrkan** (1842). Architekt Fredrik Blom ließ die achteckige Kirche im neoklassizistischen Stil für die Soldaten erbauen. Sie wird heute nicht mehr genutzt.

Hinter dem Gebäude führt links ein Weg zum **Ostasiatischen Museum** *(Di 11–20, Mi–So 11–17 Uhr | Eintritt 60 SEK | Tyghusplan | www.ostasiatiska.se | Bus 65: Östasiatiska museet | Blaue Linie: Kungsträdgården)* mit einer bedeutenden Sammlung an fernöstlicher Kunst und Archäologie. Hinter der Kirche rechts gelangen Sie nach wenigen Metern Fußweg zum **Architekturmuseum** und dem **Modernen Museum** *(S. 53)*. Für eine Pause bietet sich das *Museumsrestaurant* mit einer phantastischen Aussicht auf Djurgården an.

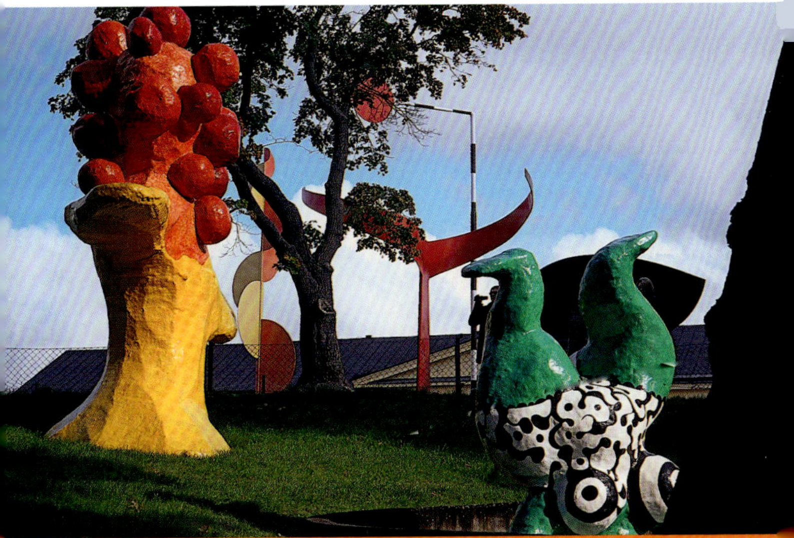

Unverkennbar Niki de Saint Phalle: Skulpturengruppe Paradis auf Skeppsholmen

Nach Ihrem Museumsbesuch nehmen Sie draußen am Exercisplan den linken Weg vorbei an dem Kunstobjekt **Die Vier Elemente** (1961) von Alexander Calder. Folgen Sie dem schmalen Weg rechts hinter dem Zaun der Skulpturengruppe zur Straße Långa Raden hinunter, biegen Sie dort links ab. An den früheren **Unterkünften für die Leibgarde** (1700) vorbei, gehen Sie rechts in den Amiralsvägen und folgen ihm bis zur **Brücke Kastellholmsbron** (1880). Sie führt zur Insel Kastellholmen. Direkt an der Brücke auf der gegenüberliegenden Seite liegt links der **Schlittschuhpavillon** aus rotem Backstein, den König Oskar II. 1883 bauen ließ. Das Schlittschuhlaufen kam damals groß in Mode, das Gebäude beherbergte den Königlichen Schlittschuhclub und sorgte dafür, dass sich die zuschauende Damenwelt keine Frostbeulen holte. Dahinter befindet sich heute das **Steinkastell**, das 1848 eine Zitadelle aus Holz aus dem 17. Jh. ersetzte, die den Zugang zu Stockholm schützen sollte. Folgen Sie auf Skeppsholmen links weiter den Planken an der Uferlinie entlang. Sie befinden sich nun auf der östlichen Seite der Insel, wo früher die Werften der Kriegsmarine lagen. Vorbei an dem **Zweimaster Tre Kronor Af Stockholm,** dem Nachbau einer Brigg aus dem 19. Jh., gelangen Sie kurz darauf an einen großen Platz. Mit dem alten, **hölzernen Ladekran** (1751) wurden früher die Kanonen an bzw. von Bord gehievt. Setzen Sie Ihren Spaziergang auf dem **Östra Brobänken** fort. Genießen Sie die maritime Atmosphäre mit dem leichten Teergeruch in der Luft und den Blick auf die vielen traditionellen Schiffe und Holzboote, die hier ihren Liegeplatz haben. Die ehemaligen Hafengebäude links wurden sorgfältig restauriert, dort befinden sich u. a. das Avantgardetheater **Galeasen**, das **Tanztheater** und das *Haus der Fotografie* mit regelmäßigen Fotoausstellungen. Sie sind nun an der Nordspitze der Insel angelangt. Von dort führt der Weg in südlicher Richtung vorbei am **Dampfschiff Orion** (1929) wieder zurück zur Skeppsholmsbron, wo der Spaziergang endet.

Insider Tipp

2 STOCKHOLM VOM WASSER AUS ERLEBEN

Um Stockholm richtig zu erfassen, sollten Sie die Stadt unbedingt auch vom Wasser aus entdecken. Eine Schiffstour rund um die Inseln der Stadt eröffnet Ihnen eine völlig neue Perspektive und ist entspannend dazu. Lehnen Sie sich gemütlich zurück, lassen Sie die schwedische Hauptstadt mit ihren historischen Gebäuden, grünen Parks und dümpelnden Booten an sich vorüberziehen, und genießen Sie die phantastische Aussicht auf Stockholm.

Wichtige Infos über die Sehenswürdigkeiten, an denen Sie vorbeifahren, bekommen Sie über Kopfhörer auch auf Deutsch. Hier sind die drei schönsten Touren.

ROUTE 2A

UNTER DEN BRÜCKEN VON STOCKHOLM (UNDER STOCKHOLMS BROAR)

Diese umfassende Rundfahrt führt Sie unter 15 Brücken und den beiden Schleusen **Karl Johanslussen** und **Hammarby Slussen** hindurch. Sie fahren sowohl auf dem **Saltsjön** (Ost-

see) als auch auf dem Mälarsee, vorbei an den Inseln Gamla Stan, Skeppsholmen, Kastellholmen, Riddarholmen, Kungsholmen, Långholmen, Lilla Essingen, Reimersholme, Södermalm und Djurgården. Dabei passieren Sie viele bekannte Gebäude der Stadt wie das Königliche Schloss (S. 30) oder das Stadshuset (S. 55). Die Tour im überdachten Sightseeingboot dauert ca. 2 Stunden und startet am Strömkajen vor dem Grand Hôtel. Das Schiff legt dann noch einmal am Nybroplan an, um weitere Besucher aufzunehmen, bevor die eigentliche Rundfahrt beginnt. Die Bootstour wird von Mitte April bis Anfang Oktober angeboten und kostet etwa 20 Euro. Infos: *Tel. 12 00 40 00 | www.stockholmsightseeing.com*

■ ROUTE 2B ■

TOUR AUF DEM KÖNIGSKANAL (DJURGÅRDEN RUNT)

Eine Kombination von City und Natur ist diese 50-minütige Bootsfahrt rund um die Insel Djurgården (S. 45), grüne Oase der schwedischen Hauptstadt und einst königliches Jagdrevier. Sie fahren zunächst auf dem schmalen Djurgårdsbrunnskanal, den König Karl XIV. Johan 1834 bauen ließ. Der 1 km lange und rund 10 m breite Kanal sollte die Einfuhr von Gemüse erleichtern, das auf den Schären angebaut und mit Booten nach Stockholm transportiert wurde. Weil der zehnjährige Bau des Kanals Unsummen verschlungen hatte, musste jedes Boot, das den Kanal passierte, eine Mautgebühr zahlen. Sie wurde 1881 abgeschafft. Heute

fahren vor allem Freizeitboote auf dem von Eichen und Ahornbäumen gesäumten Kanal.

Er mündet schließlich in die Ostsee, und die Tour führt Sie zurück Richtung Innenstadt, vorbei an der Inselgruppe Fjäderholmarna mit ihrer berühmten *Fischräucherei,* an Waldemarsudde (S. 49), Villa und Atelier des Maler-Prinzen Eugen, am Vasamuseum (S. 48), der Insel Södermalm (S. 41) und Slussen (S. 44). Die überdachten Schiffe verkehren von April bis etwa Anfang November, Start- und Endpunkt ist Strömkajen vor dem Grand Hôtel, die Tour kostet etwa 15 Euro. Kostenlose bzw. ermäßigte Rundfahrten gibt es auf ausgewählten Routen mit der *Stockholmkarte (www.stockholmtown.com).* Infos: *Tel. 12 00 40 00 | www.stockholmsightseeing.com*

Insider Tipp

■ ROUTE 2C ■

GOOD MORNING STOCKHOLM

Erleben Sie Stockholm einmal anders – nämlich am Morgen, wenn die Stadt erwacht, das Wasser im Morgenlicht spiegelblank daliegt und nur Vogelgezwitscher die Ruhe durchbricht. Ein bisschen Stadt, ein bisschen Schären und sehr viel Atmosphäre bietet diese unvergessliche Bootsfahrt, die Sie in 2,5 Stunden von Stockholms ältestem Stadtteil, Gamla Stan (S. 29), über Hammarby Sjöstad, das modernste Viertel der schwedischen Hauptstadt, bis zu den Fjäderholmarna führt, den innersten Inseln des Stockholmer Schärengartens. Start der Tour ist Strömkajen vor dem Grand Hôtel. Unterwegs passieren Sie die Stelle, an der das königliche

Kriegsschiff Vasa am 10. August 1628 auf seiner Jungfernfahrt sank. Sie fahren vorbei an der kleinen Insel Beckholmen, einer maritimen Industrielandschaft, wo vom 17. bis 19. Jh. Pech und Teer hergestellt wurden, die man zum Abdichten und Imprägnieren der hölzernen Schiffsrümpfe brauchte. Hier liegt dort aus nimmt das Schiff Kurs auf die Inseln Fjäderholmarna. Hier gehen Sie an Land, machen eine Rundwanderung und legen eine Kaffeepause ein. Anschließend passieren Sie rechts Djurgården (S. 45) mit seinen prachtvollen Villen, dem Vergnügungspark Gröna Lund (S. 92) und dem Vasamuseum

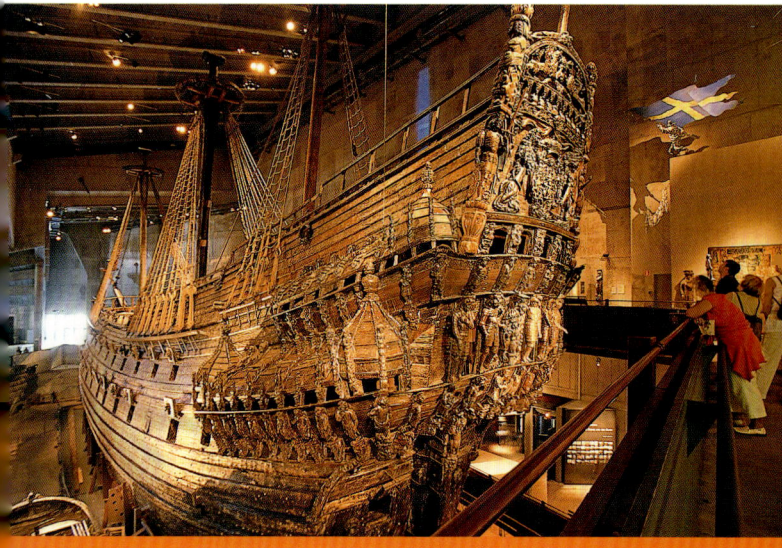

Die Vasa: Nach ihrer Bergung wurde sie auf der Stockholmer Djurgardsvårvet gereinigt

seit Mitte des 19. Jhs. die Werft Djurgårdsvarvet mit Gebäuden und Dockanlagen, wo die Vasa nach ihrer Bergung 1961 vom gröbsten Schlamm befreit wurde. Auf Ihrer rechten Seite gleitet das frühere Arbeiterviertel Södermalm vorbei, bevor das Schiff nach rechts einbiegt Richtung Hammarby Sjöstad, das neue Wohngebiet mit edler Glas- und Betonarchitektur. Von (S. 48) und erreichen schließlich Nybroplan, wo Ihre Tour endet. Diese Bootsfahrt beginnt täglich um 8.30 Uhr zwischen Anfang Juni und Mitte August, Tickets für etwa 19 Euro bekommen Sie an Bord. Bitte beachten Sie, dass die Informationen auf dieser Tour nur auf Schwedisch und Englisch sind. Auskunft: *Tel. 12 00 40 00* | *www.stockholmsight seeing.com*

EIN TAG IN STOCKHOLM

Action pur und einmalige Erlebnisse.
Gehen Sie auf Tour mit unserem Szene-Scout

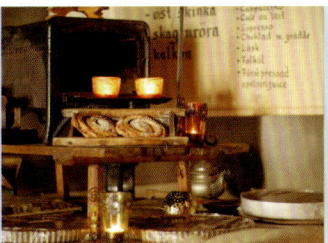

SÜSSER START

9:00

Noch müde? Da hilft eine leckere Zimtschnecke. Die besten gibt's bei *Kaffekoppen* mitten in Gamla Stan. Dazu ein herrlich duftender Kaffee, dann kann der Entdeckertag beginnen! **WO?** *Stortorget 18–20 | www. kaffekoppen.org*

10:00

HIMMLISCHES STOCKHOLM

Eben noch festen Boden unter den Füßen, schon schwebt man über der Stadt. Im Heißluftballon wird Stockholm aus luftiger Höhe bestaunt – die Aussicht ist im wahrsten Sinne des Wortes himmlisch! **WO?** *Ballongflyg i Stockholm AB | Reservierung unter Tel. 92 02 02 | Treffpunkt: T-bana Haltestelle Brommaplan | Kosten ab 1590 SEK/Person | www.ballong.se*

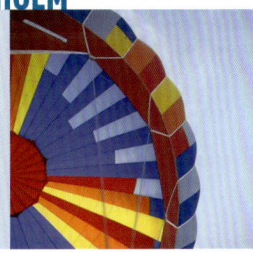

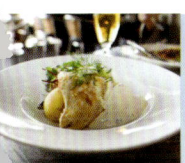

LUNCH BEIM FERNSEHKOCH

12:00

Hunger? Im *Restaurang 1900* von TV-Koch Niklas Ekstedt speist man schwedische Küche aus regionalen Zutaten in skandinavisch-modernem Ambiente. Köstlich! **WO?** *Restaurang 1900 | Regeringsgatan 66 | Tel. 20 60 10 | www.r1900.se*

13:00

MIT SPEED ÜBER DIE SCHÄREN

Das *RIB* wartet schon: Also rein in die wasserfeste Kleidung und einsteigen! An Bord des stabilen Schlauchboots düst man mit bis zu 45 Knoten durch den Schärengarten. Vorbei an Stockholms wunderschöner Küste und zahlreichen Sehenswürdigkeiten wie dem Wax-

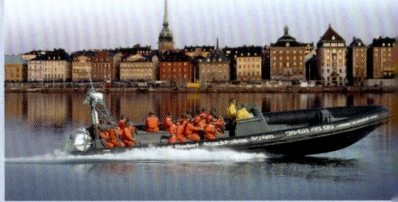

holm Kastell und Prinz Eugens Waldemarsudde. **WO?** *Am Nationalmuseum | Museikajen 1 | Tel. 20 22 60 | Nur Mai–Sept. | Kosten: 345 SEK | www.ribsightseeing.se*

24 h

DEM GEHEIMNIS AUF DER SPUR...

16:00

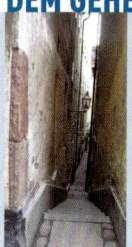

Hobbydetektive aufgepasst! Jetzt geht's auf Entdeckungsreise durch die Altstadt. Es gilt die bestgehüteten Geheimnisse und Mysterien der Stadt aufzuspüren. Was hat der Mord von Lasse Lucidor mit moderner Kunst zu tun? Wie viele deutschnamige Straßen gibt es? Zuletzt gilt es, eine kryptische Inschrift zu entschlüsseln. **WO?** *Real Tours Stockholm | Start: Stortorget bei der Pumpe gegenüber dem Nobelmuseum | Tel. 070/489 07 33 | Nur Juni–Aug. | Kosten: 100 SEK | www.realtoursstockholm.com*

17:30 KRÄFTE SAMMELN

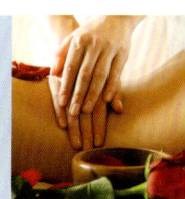

Nach so viel Action ist Entspannung angesagt: Im *Axelsons Spa* steht eine Massage auf dem Programm. Beim angenehmen Durchkneten fühlt man sich wie im Himmel! **WO?** *Gallerian | Nedre plan | Hamngatan 37 | Tel. 440 80 80 | Kosten: 695 SEK/50 Min. | www.axelsonsspa.se*

DINNER IN DER APOTHEKE

20:00

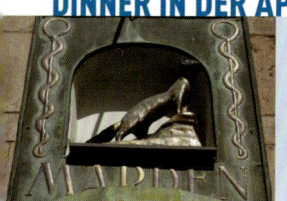

Der Magen knurrt – ab ins *Mården*. Hier überzeugt nicht nur das Essen, sondern auch die außergewöhnliche Location. Die ehemalige Apotheke kommt im frisch durchdesignten Ambiente daher. Als Aperitif einen Zitronengras-Martini bestellen. Dann traditionelle Gerichte wie gebratene Rotzunge mit Frühkartoffeln an Haselnüssen und Apfelbutter schmecken lassen. **WO?** *Tulegatan 24 | Tel. 612 65 50 | www.marden.se*

22:30 HÖLLISCH ABFEIERN

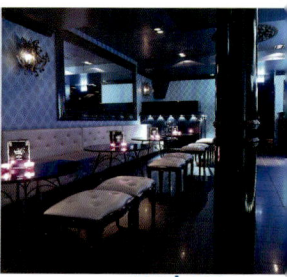

It's Partytime! In *Hell's Kitchen*, dem Nightlife-Hotspot der Stadt, wird die Nacht zum Tag. Toll: Das Design der verschiedenen Areas erinnert an Metropolen zu unterschiedlichen Zeiten, z. B. Tokio im 19. Jh., Rom in der Renaissance und L. A. in der Moderne. Nicht verpassen: die coolen Unisex-Toiletten! **WO?** *Sturegatan 4 | Tel. 54 50 76 01 | www.stureplansgruppen.se*

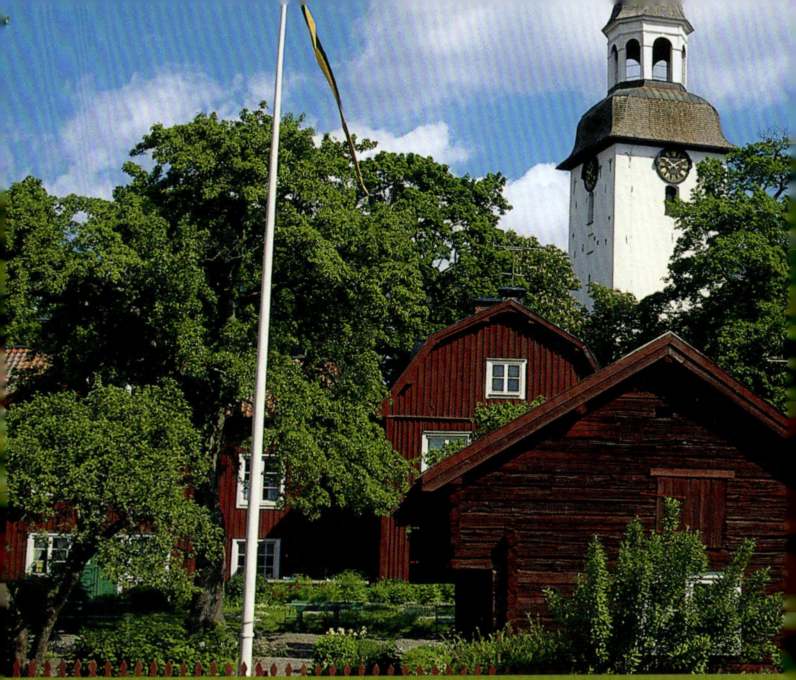

> SCHÄREN, SCHLÖSSER, KÖNIGSHÜGEL

Die Umgebung Stockholms bietet paradiesische Natur und spannende historische Stätten – wählen Sie selbst!

1 MARIEFRED MIT SCHLOSS GRIPSHOLM

[130 B4] ⭐ Malerisch liegt das Städtchen Mariefred mit seinen bunten Holzhäusern und den schmalen Gassen an einer Bucht des Mälarsees. Gegenüber dem kleinen Ort thront *Schloss Gripsholm*, die mächtige Wasaburg mit ihren vier runden Türmen und hellroten Backsteinmauern, die Mariefred zu einem beliebten Ausflugsziel ge-

macht hat. Das pittoreske Kleinstadtidyll können Sie mit Schiff, Auto oder Zug gut erreichen. Für einen Besuch sollten Sie einen ganzen Tag einplanen.

Mit dem Auto fahren Sie auf der E 4 in südlicher Richtung bis nach Södertälje, biegen dort ab auf die E 20 in Richtung Göteborg und fahren dann bis zur Ausfahrt Mariefred. Oder Sie nehmen den Zug ab Stockholm Hauptbahnhof bis Läggesta *(ca. 40 Min.)*, von dort Bus 303 nach

Bild: Altschwedische Häuser in Mariefred

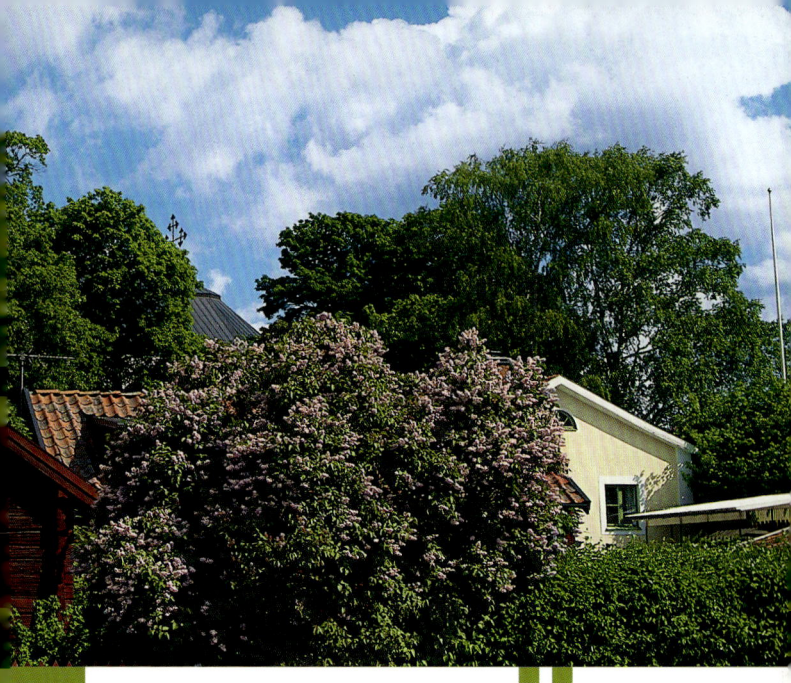

AUSFLÜGE & TOUREN

Mariefred *(ca. 10 Min. | www.sj.se)*. Am schönsten aber ist die Anreise immer noch mit dem Schiff **M/S Mariefred** ab Stockholm *(Klara Mälarstrand/Stadshusbron beim Stadshuset | Rückfahrticket ca. 24 Euro | Dauer: ca. 3,5 Std. | www.mariefred.info)*.

Gustav I. Wasa (1496–1560) ließ **Schloss Gripsholm** 1537 errichten. Seitdem wurde es mehrmals erneuert und umgebaut. In rund 60 Räumen werden über 500 Jahre Schlossgeschichte mittels kostbarem Kunsthandwerk und prachtvollen Möbeln wie etwa ein Rokokosekretär des schwedischen Meisters Georg Haupt präsentiert. Die Inneneinrichtung des Schlosses ist sehr gut erhalten, wunderschön sind der **Grüne Salon** der Königin Sofia Magdalena (1746–1813) und der **Runde Salon** Gustavs III. Besonders sehenswert sind außerdem das **Schlosstheater** von Gustav III., ein

Meisterwerk klassizistischer Innenarchitektur (1781), und die staatliche **Porträtsammlung** mit rund 4500 Gemälden *(Mitte Mai–Mitte Sept. tgl. 10–16 Uhr, Führung tgl. 12, 14 Uhr auf Schwedisch, 13 Uhr auf Englisch | Eintritt 70 SEK | www.royalcourt.se).*

Nach dem Schlossbesuch sollten Sie unbedingt einen Spaziergang durch das idyllische **Mariefred** (5000 Ew.) unternehmen, das 1605 seine Stadtrechte erhielt. Benannt wurde es nach dem Kartäuserkloster *Pax Mariae* (1493), das hier stand, bevor Gustav I. Wasa es 1537 kurzerhand abreißen ließ, um Baumaterial für das neue Schloss zu gewinnen.

Bummeln Sie auf der **Storgatan** mit ihren kleinen Läden und dem Rathaus, werfen Sie einen Blick in die Kirche von 1697, in das **Heimatmuseum** im Callanderska gården mit seinem wunderschönen Blumen- und Kräutergarten oder aber in das **Grafikens Hus**, ein internationales Zentrum für grafische Kunst *(Mai bis Sept. tgl. 11–17, Okt.–April Do–So 12–16 Uhr | Eintritt 70 SEK | Gripsholms Kungsladugård | www.grafikenshus.se).*

Auf dem Friedhof von Mariefred liegt das *Grab des Schriftstellers Kurt Tucholsky,* der Deutschland 1929 desillusioniert den Rücken kehrte und nach Schweden emigrierte, hier unter anderem seine berühmte Sommergeschichte *Schloss Gripsholm* (1931) verfasste und 1935 in der Nähe von Göteborg an einer Überdosis Schlaftabletten starb – ob absichtlich oder aus Versehen ist bis heute umstritten.

Insider Tipp

Stärken können Sie sich im ☼ **Gripsholms Slottspaviljong** mit tollem Blick auf das Schloss *(Mai–Aug. | Slottsparken Lottenlund | Tel. 0159/ 100 23 | www.gripsholmsslottspaviljong.se | €–€€).* Infos: *Mariefreds Turistbyrå | Rådhuset | Tel. 0159/ 29790 | Fax 297 95 | www.mariefred.se, www.sormlandsturism.se).*

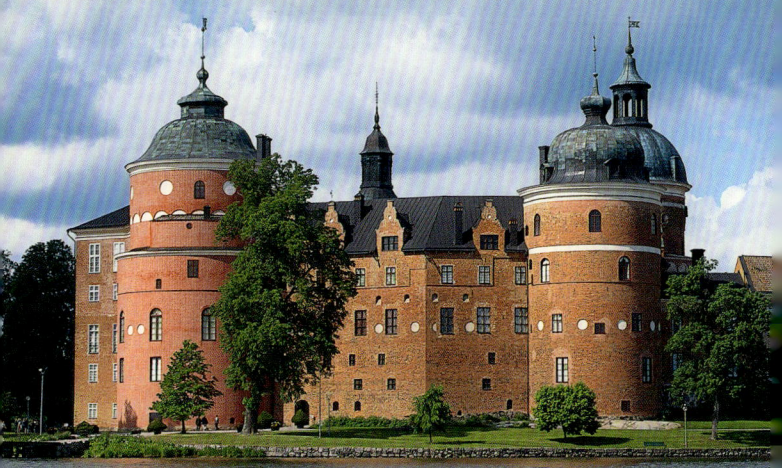

2 SANDHAMN: SCHÄRENIDYLLE IN DER OSTSEE

[131 F3] ⭐ Schöne Sandstrände, bunte Holzhäuser, graue Felsenklippen: ein wahrer Ausflugklassiker ist dieser Ort herrlicher Sommerfrische am äußersten Rand der Stockholmer Schären! Schon die Reise ist ein Erlebnis: Sie fahren vorbei an unzähligen, mit Kiefern bewachsenen Inseln, kleinen roten Badehäuschen und prächtigen Villen. Sandhamn können Sie nur mit dem Schiff erreichen, für den Ausflug sollten Sie einen Tag einplanen.

Am schönsten ist eine Tour mit dem Schiff **Strömma Kanal**, das eine besondere Route durch flache Gewässer nimmt. Die Fahrt ab Nybrokajen dauert ca. 3 Stunden *(Rückfahrticket ca. 30 Euro | www.strommakanalbolaget.com)*. Unbedingt im Voraus buchen! Nur gute 2 Stunden benötigen die Boote der *Waxholmsbolaget* ab Strömkajen *(Rückfahrticket ca. 26 Euro | www.waxholmsbolaget.se)* oder die *Cinderellabåtarna* ab Strandvägen *(Rückfahrticket ca. 30 Euro | www.cinderellabatarna.com)*. Im Winter verkehren die Schiffe nach Sandhamn nur ab *Stavsnäs (ca. 1 Std.)*, dorthin fahren die Busse 433 und 434 ab Slussen *(ca. 40 Min. | www.sl.se)*. Tipp: Seien Sie früh am Anleger, und heben Sie außerdem das Bootticket auf, es wird am Ende der Fahrt wieder eingesammelt!

Sandhamn liegt weit draußen im Schärengarten auf der 27 ha großen Insel **Sandön**. Aufgrund ihrer strategisch günstigen Lage am Einlauf der kürzesten und tiefsten Fahrrinne nach Stockholm wurden hier im 17. Jh. ein Lotsenposten und eine Zollstation eingerichtet. Alle Schiffe, die die Insel auf dem Weg in die schwedische Hauptstadt passierten, waren gezwungen, hier Zoll für ihre Waren zu zahlen. Ende des Großen Nordischen Krieges, in dem Schweden gegen Russland kämpfte, wurde Sandhamn 1719 wie viele Orte an der schwedischen Ostküste von russischen Truppen niedergebrannt. Später wurde die Insel wieder aufgebaut, Häuser für Fischer, Lotsen und Zollbeamte errichtet, u. a. das **Zollhaus** *(Tullhuset)* aus gelbem Stein, in dem sich heute Wohnungen befinden.

Seit 1865 gibt es eine regelmäßige Schiffsverbindung nach Stockholm. Mit den Booten kamen die ersten Badegäste, darunter Schriftsteller und Maler wie August Strindberg, Carl Larsson und Anders Zorn, die sich von der Sommerfrische inspirieren ließen. Sommerpensionen und Gasthäuser wurden eröffnet, um die stetig wachsende Schar der Touristen aufnehmen zu können. Heute leben auf der Insel etwa 100 Menschen, rund 100 000 Sommergäste kommen jedes Jahr dazu, darunter sehr viele junge Leute. Die sorgen im Sommer für lebhafte Stimmung auf der sonst eher ruhigen Insel. Besonders populär ist die Schärenidylle bei gut betuchten Seglern, denn sie ist internationales Segelzentrum, in dem viele Regatten ausgetragen werden z. B. *Gotland Runt* oder *Sandhamnsregattan.*

Rote Sommerhäuser und Fischerhütten sind über Sandhamns graue Klippen verstreut, der Duft wilder Rosenhecken erfüllt im Sommer die Luft. Tauchen Sie ein in die Atmosphäre dieses Schärenparadieses, und machen Sie einen Spaziergang durch

den kleinen Ort. Besuchen sie **Sandhamns Museum** *(nur im Sommer 4 Std. tgl. geöffnet)*, bummeln Sie entlang der kleinen Läden am Hafen, oder genießen Sie eine <mark>seglarbulle,</mark> eine Hefeschnecke mit Rosinen und Kardamom, in der Bäckerei **Sandhamns Bageriet** *(nur im Sommer)*. Für den größeren Hunger empfiehlt sich **Sandhamns Värdshus** *(Mitte Juni–Mitte Aug. | Tel. 57 15 30 51 | www.sandhamns vardshus.se | €€)*. Auf der Insel gibt es ausgezeichnete Bademöglichkeiten. Nur 20 Gehminuten vom Ort, durch einen Kiefernwald und Blaubeerfelder getrennt, liegt umgeben von sonnenwarmen Klippen der *weiße Sandstrand Trouville*. Infos unter *www.sandhamn.se*

Insider Tipp

Insider Tipp

3 UPPSALA: UNIVERSITÄTSSTADT MIT REICHER TRADITION

[130 C1] Gemütlich schlängelt sich der Fyrisån durch die traditionsreiche Studentenstadt (188 000 Ew.) mit Schwedens ältester Universität. Darüber

thronen der Dom mit seinen beiden spitzen Türmen und das wuchtige, hellrote Schloss mit seinen Rundkuppeln. Grüne Parks, kleine Cafés und viele Radfahrer prägen die Atmosphäre der Stadt, die etwa 70 km nördlich von Stockholm liegt. Für den eintägigen Kulturtrip nach Uppsala nehmen Sie am besten den Zug *(Rückfahrticket ab ca. 10 Euro | Dauer: ca. 40 Min. | www.sj.se)*.

Während des Semesters wimmelt es in Uppsala nur so von Studenten, während der Ferien im Sommer dagegen wirkt die Stadt fast ausgestorben. Schwedens älteste Universität wurde 1477 gegründet. König Gustav II. Adolf stiftete 1625 das Uppsala Universitätsmuseum **Gustavianum,** in dem heute die Geschichte der Hochschule präsentiert wird. Besonderes Kuriosum des Museums ist der prächtige **Augsburger Kunstschrank,** den Gustav II. Adolf 1632 in Augsburg geschenkt bekam und in dem der passionierte Sammler allerlei exotische Gegenstände aufbewahrte, etwa ein kleines getrocknetes

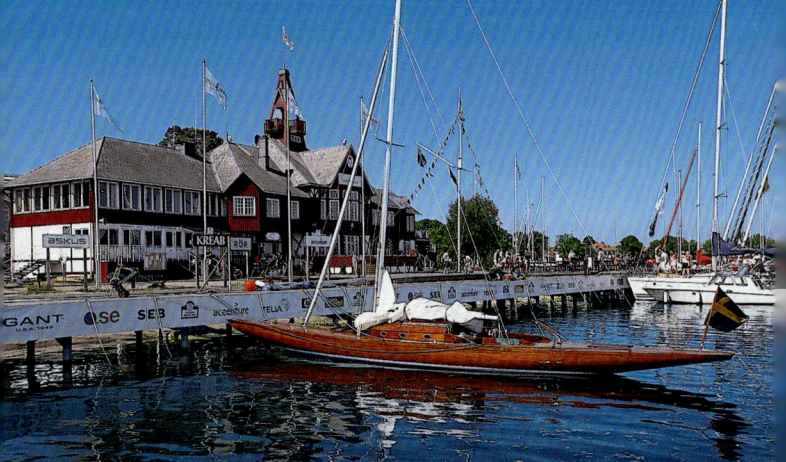

Sandhamn am äußersten Rand der Stockholmer Schären ist besonders bei Seglern populär

Krokodil *(Sept–Mai Di–So 11–16, Juni–Aug. Di–So 10–16 Uhr | Akademigatan 3 | Eintritt 40 SEK | www. gustavianum.uu.se).* Zu den Kostbarkeiten der Universitätsbibliothek **Carolina Rediviva** mit etwa 5 Mio. Bänden gehört die berühmte, handschriftlich verfasste Silberbibel **Codex Argenteus** des Bischofs Wulfila aus dem 6. Jh., das umfangreichste Dokument in gotischer Sprache *(Mitte Mai–Sept. Mo–Do 9–18.30, Fr 9 bis 17.30, Sa 10–17, So 11–16, sonst Mo–Fr 9–20, Sa 10–17 Uhr | Eintritt nur Mitte Mai–Sept. 20 SEK | Dag Hammarskjöldsväg 1 | www.ub. uu.se).*

Uppsalas mächtiger gotischer **Dom** mit seinen nahezu 120 m hohen Türmen wurde 1435 geweiht. Lange Zeit war er Krönungskirche und Grabstätte vieler schwedischer Persönlichkeiten wie Gustavs I. Wasa und Carl von Linnés. Sehenswert ist abgesehen von der **Schatzkammer** vor allem der **Silberschrein des Heiligen Erik** aus dem 16. Jh. *(Nov.–April So–Fr 8–18, Sa 10–18, Mai–Aug. tgl. 8–18, Sept. Mo–Fr 8–16, Sa–So 8–18, Okt. Mo–Fr 8–16, Sa 10–18, So 8–18 Uhr | Eintritt frei | www.uppsaladom kyrka.se).*

Gustav I. Wasa ließ 1549 das Schloss errichten, in dem heute der Verwaltungssitz der Stadt und ein **Museum für zeitgenössische Kunst** liegen *(Di–Fr 12–16, Sa–So 11–17 Uhr | Eintritt 30 SEK | www.uppsala.se/ konstmuseum).* Das **Linnémuseum** im Linnégarten erinnert an den berühmten Botaniker, der hier 1743–78 mit seiner Familie lebte *(Mai–Sept. Di bis So 11–17 Uhr | Eintritt 50 SEK | Svartbäcksgatan 27 | www.linnaeus.*

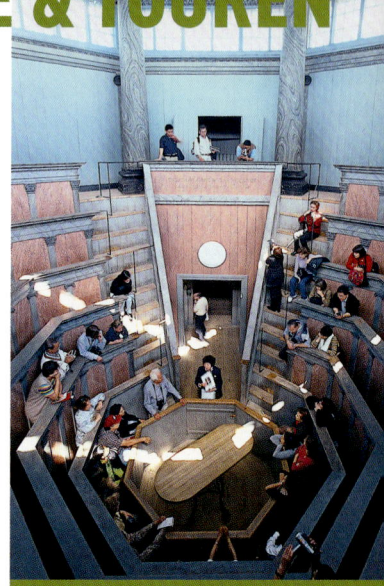

Historischer Hörsaal im Gustavianum

se). Nach so viel Kultur bietet sich eine Pause in einem der vielen Cafés am **Fyrisån** an.

Vom Stora Torget aus können Sie dann Bus 110 oder 115 *(www.ul.se)* nach **Gamla Uppsala** nehmen, 5 km nördlich der Stadt. Der Ort war einst ein bedeutender Kult- und Handelsplatz, an dem lange vor der Wikingerzeit heidnische Götter verehrt wurden. Wer in den großen **Königshügeln** (6. Jh.) begraben wurde, ist bis heute ungeklärt. Im **Gamla Uppsala Museum** sind archäologische Funde aus den Grabhügeln zu sehen *(Sept. bis Mitte Dez., Jan.–April Mo, Mi, Sa, So 12–15, Mai–Aug. tgl. 11–17 Uhr | Eintritt 50 SEK | Disavägen | www.raa.se/gamlauppsala).* Infos: Uppsala turistinformation | Fyristorg 8 | Tel. 018/727 48 00 | *www.uppland.nu*

> VON ANREISE BIS ZOLL

Urlaub von Anfang bis Ende: die wichtigsten Adressen und Informationen für Ihre Stockholmreise

▰ANREISE▰

AUTO

Mit Auto und Schiff: Fähre Kiel–Göteborg, Autobahnen R 40/E 4 bis Stockholm *(ca. 5,5 Std.);* Fähren Rostock/Sassnitz/Travemünde–Trelleborg, E 22/E 6/E 4 bis Stockholm *(ca. 7 Std.);* Fähren Puttgarden–Rødby–Helsingborg, E 4 bis Stockholm *(ca. 6 Std.);* Öresundbrücke nach Malmö (Maut), E 20/E 4 bis Stockholm *(ca. 6,5 Std.).*

BAHN

Der Berlin-Night-Express verbindet Berlin und Malmö *(ca. 9 Std. | ab ca. 88 Euro | www.berlin-night-express. com),* von dort geht's mit dem Hochgeschwindigkeitszug X2000 in 4,5 Stunden nach Stockholm; oder Hamburg–Kopenhagen–Malmö–Stockholm *(ca. 10 Std. | www.db.de).*

BUS

Die Buslinie Eurolines verkehrt zwischen deutschen Städten und Stockholm *(z. B. ab Berlin 19 Std. | Rückfahrkarte 143 Euro | www.touring.de).*

FLUGZEUG

Die Flughäfen *Arlanda* und *Skavsta* bei Nyköping sind 40 bzw. 100 km vom Zentrum entfernt. Skavsta wird von Ryanair *(www.ryanair.com)* angeflogen, Arlanda von Air Berlin *(www. airberlin.com),* Austrian Air *(www.au*

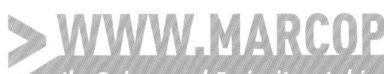

PRAKTISCHE HINWEISE

a.com/de/deu), Germanwings *(www. germanwings.com)*, Lufthansa *(www. lufthansa.com)*, SAS *(www.flysas. com/de/de)*, Swiss *(www.swiss.com)* und Tui Fly *(www.tuifly.com)*. Von beiden Flughäfen fahren Busse *(www. flygbussarna.se)* ins Zentrum, die Fahrt dauert ab Skavsta ca. 80 Minuten, ab Arlanda ca. 45 Minuten. Es lohnt sich, ein Rückfahrticket zu lösen; es kostet ab Arlanda ca. 20, ab Skavsta ca. 27 Euro. Von Arlanda aus fährt auch der *Arlanda Express* (Rückfahrticket ca. 45 Euro) in 20 Minuten in die City *(www.arlandaex press.com)*. Der Preis für eine Taxifahrt ins Zentrum (40 Minuten zum Festpreis!) liegt bei ca. 50 Euro.

◼ AUSKUNFT

STOCKHOLM TOURIST CENTRE [120 C1–2]
Sverigehuset | Hamngatan 27 | Tel. 50 82 85 08 | Fax 50 82 85 09 | www. stockholmtown.com | Bus 47, 69: Kungsträdgården | Blaue Linie: Kungsträdgården

ARLANDA VISITOR CENTER [131 D2]
Flughafen Arlanda | Ankunftshalle Terminal 5 | Tel. 797 86 30

VISITSWEDEN
Stortorget 2–4 | S-83130 Östersund | Fax 0046/63/12 81 37 | www.visit sweden.com; aus Deutschland: *Tel. 069/22 22 34 96 | germany@visit sweden.com;* aus Österreich: *Tel. 0192/867 02 | austria@visitsweden.*

com; aus der Schweiz: *Tel. 044/ 580 62 94 | switzerland@visitswe den.com*

◼ AUTO

In Schweden wird tagsüber mit Abblendlicht gefahren. Winterreifen sind zwischen 1. Dez. und 31. März Pflicht. Die Promillegrenze liegt bei 0,2. Parkplätze sind in Stockholm rar und teuer, deshalb: das Auto besser stehen lassen und öffentliche Verkehrsmittel benutzen! Parksündern drohen hohe Bußgelder. Bei der Ein- und Ausfahrt in die Stadt muss eine Maut (10–25 SEK) entrichtet werden. Sie gilt nicht für ausländische Fahrzeuge. Bei einem Mietwagen werden die Gebühren von der Kreditkarte abgebucht.

◼ BADEN

Außer Schwimmbäder wie das *Erikdalsbadet* [128 B6] auf Södermalm *(Hammarby | Slussväg 20 | Grüne Linie: Skanstull)* bietet Stockholm schöne, kinderfreundliche Badeplätze im Zentrum und außerhalb: *Smedsuddsbadet* [126 B2] *(Kungsholmen | Bus 4: Västerbroplan | Blaue, grüne Linie: Fridhemsplan); Långholmens Strandbad* [126 B2] *(Bus 4: Högalidsgatan | Rote Linie: Hornstull); Flatenbadet* [131 D4] in Skarpnäck *(Grüne Linie: Gullmarsplan, von dort mit Bus 811 Richtung Älta oder 816 Richtung Tyresö C, ca. 20 Min.)* oder *Fågelöuddebadet* [131 D3] auf Li-

dingö *(Rote Linie Richtung Ropsten: Ropsten, dann 20 Min. mit Bus 204 Richtung Elfvik: Fågelöuddevägen).*

DIPLOMATISCHE VERTRETUNGEN

DEUTSCHE BOTSCHAFT [124 C4]
bis Mitte 2009 *Artillerigatan 64,* danach *Skarpögatan 9 | Östermalm | Tel. 670 15 00 | Fax 670 15 72 | www.stock holm.diplo.de*

ÖSTERREICHISCHE BOTSCHAFT [124 C5]
Kommendörsgatan 35 | Östermalm | Tel. 665 17 70 | Fax 662 69 28 | www.aussenministerium.at/stockholm

SCHWEIZER BOTSCHAFT [124 A3]
Valhallavägen 64 | Östermalm | Tel. 676 79 00 | Fax 21 15 04 | www.eda. admin.ch/stockholm

WÄHRUNGSRECHNER

€	SEK	SEK	€
1	10,29	10	0,97
3	30,86	25	2,43
4	41,15	50	4,86
5	51,44	75	7,30
6	61,72	120	11,68
7	72,01	175	17,03
9	92,58	230	22,38
15	154,31	350	34,05
25	257,18	600	58,38

EINREISE

EU-Bürger und Bürger der Schweiz benötigen beim Aufenthalt bis zu drei Monaten einen gültigen Reisepass oder Personalausweis.

FAHRRÄDER

Radfahren ist in Stockholm weit verbreitet, das Radwegenetz ist gut ausgebaut und wird ständig erweitert.

Während Södermalm stellenweise recht hügelig ist, eignet sich Djurgården besonders gut für eine Radtour, da dort auch nur wenig Autoverkehr herrscht. Stunden- oder tageweise können Sie Fahrräder mieten bei *Gamla Stans Cykel* [120 C4] *(Stora Nygatan 20 | Tel. 411 16 70 | www. gamlastanscykel.se)* oder *Djurgårdsbrons Sjöcafé* [125 D6] *(an der Brücke nach Djurgården | Tel. 660 57 57).*

GELD & PREISE

Landeswährung ist die Schwedische Krone (SEK). Banken sind in der Regel montags bis freitags 10 bis 15 Uhr geöffnet. Alle gängigen Kreditkarten werden akzeptiert und sind sehr verbreitet. Mit EC-Karte und PIN-Nummer können Sie an Bankautomaten Geld abheben. Als Zahlungsmittel wird die EC-Karte nicht anerkannt. Die schwedischen Preise sind im Vergleich längst nicht mehr so hoch wie früher. Teuer sind Alkohol, Zigaretten und das Essen im Restaurant. Wer aber Ferien- und Wochenendrabatte der Hotels nutzt und mittags im Restaurant essen geht, kann auch in Stockholm recht günstig Urlaub machen.

GESUNDHEIT

Deutschland, Österreich und die Schweiz haben mit Schweden ein Sozialversicherungsabkommen. Im Fall einer akuten Erkrankung oder eines Unfalls wendet man sich an die Notaufnahme *(akutmottagning)* der Krankenhäuser, z. B. *Karolinska sjukhus* [122 C2] in Solna *(Tel. 51 77 00 00)* oder *St. Göranssjukhus* [122 B6] auf Kungsholmen *(Tel. 58 70 10 00).* Zahnärztlicher Not-

PRAKTISCHE HINWEISE

dienst: *City Akuten Tand* [123 F5] *(tgl. 8–20 Uhr | Olof Palmes Gata 13 A | Tel. 412 29 00)*. Bei einem Arzt- oder Krankenhausbesuch müssen Sie eine Gebühr bezahlen (15–30 Euro). Bei Vorlage der Auslandskrankenkarte (EHIC) bekommen Sie die Kosten von Ihrer Krankenkasse erstattet. Empfehlung: Schließen Sie zusätzlich eine private Auslandskrankenversicherung ab. Die *C.-W.-Scheele-Apotheke* [123 F6] *(Klarabergsgatan 64)* ist rund um die Uhr geöffnet.

INTERNET

Die wichtigsten Internetadressen für Stockholmurlauber: *www.visitsweden.com* – Schwedens offizielle Tourismus-Homepage auf Deutsch mit vielen Tipps und Hintergrundinfos auch zu Stockholm; *www.stockholmtown.com* – Site des *Stockholm Tourist Centre* mit allen Themen rund um die Stockholmreise; *www.stockholm.se* – offizielle Homepage der Stadt Stockholm, auch auf Englisch, mit vielen Infos auch zu Geschichte und aktueller Situation der Stadt; *www.alltomstockholm.se* – nur auf Schwedisch, Tipps zu Restaurants, Clubs, Shopping; *www.sl.se* – Website der Stockholmer Verkehrsbetriebe mit Infos zu öffentlichen Verkehrsmitteln, auch auf Englisch; *www.smhi.se* – Wie das Wetter in Stockholm wird, erfahren Sie hier auch auf Englisch.

INTERNETCAFÉS & WLAN

In Stockholm können Sie in vielen öffentlichen Gebäuden gegen Gebühr stundenweise surfen, z. B. im *Café Access* [120 B–C2] *(Mo–Fr 10 bis 19, Sa 10–17, So 11–17 Uhr | Kulturhuset | Sergels torg | Alle Li-*

nien: *Centralen), Matrix* [120 B1] *(So–Do 10–24, Fr–Sa 10–3 Uhr | Grüne Linie: Hötorget)* und in vielen *7-Eleven-Läden*. WLAN-Hotspots

WAS KOSTET WIE VIEL?

KAFFEE	**AB 3,20 EURO**	für einen Caffè Latte
BIER	**AB 5,80 EURO**	für 0,5 Liter
KINO	**AB 7,50 EURO**	für ein Ticket
KÖTTBULLAR	**AB 6 EURO**	für eine Portion
FAHRSCHEIN	**AB 2,20 EURO**	für die einfache Fahrt
TAXI	**0,90–1,30 EURO**	pro Kilometer

des schwedischen Betreibers *Telia* (z. B. im Hauptbahnhof, *Wayne's Coffee-Shops*) können Sie mit einer Telia-Homerun-Karte *(www.homerun.telia.com)* nutzen. Auch in vielen Hotels surfen Sie kostenlos.

MIETWAGEN

Wer Stockholms Umgebung entdecken will, sollte ein Auto mieten. Günstige Angebote gibt es in den schwedischen Sommerferien. Büros von Avis, Europcar und Hertz finden Sie an den Flughäfen und im Zentrum an der Vasagatan. Billiger sind Mietwagen an Tankstellen wie Statoil (z. B. *Birger Jarlsgatan 68*).

NOTRUF

Für Polizei, Notarzt und Feuerwehr gilt der Notruf *112*. Pannenhilfe rund

um die Uhr unter *Tel. 020/91 29 12 (www.assistancekaren.se)*

ÖFFENTLICHE VERKEHRSMITTEL

Das Netz der Stockholmer Busse, U-Bahnen *(tunnelbana)* und S-Bahnen *(pendeltåg)* ist sehr gut ausgebaut. Das Stadtgebiet ist in drei Zonen aufgeteilt, der Innenstadtbereich umfasst eine Zone (A). Dort kostet die einfache Fahrt ab 30 SEK. Achtung: In den Bussen können Sie keine Fahrkarten kaufen! Es gibt sie an den U-Bahnhaltestellen oder im *pressbyrån.* Tipp: Kaufen Sie eine Streifenkarte *(förköpsremsa)* für 180 SEK. Sie gilt für acht Fahrten innerhalb der Zone A. Ein gelöstes Ticket ist eine Stunde lang gültig und berechtigt zum Hin- und Herfahren innerhalb dieser Zone. Auch mehrere Personen können auf dieser Streifenkarte fahren. Außerdem gibt es Tageskarten (100 SEK), 3-Tageskarten (200 SEK) oder Wochenkarten (260 SEK). Für Jugendliche unter 20 und Erwachsene über 65 Jahren gibt es Vergünstigungen. In Begleitung eines Erwachsenen mit gültigem Fahrschein fahren Kinder unter 7 Jahren immer, Kinder zwischen 7 und 11 Jahren von freitags 12 Uhr bis sonntags 24 Uhr umsonst. Mit der *Stockholmskort* fahren Sie gratis. Infos: *www.sl.se*

ÖFFNUNGSZEITEN

Museen und Sehenswürdigkeiten haben je nach Saison stark variierende Öffnungszeiten. In den schwedischen Sommerferien zwischen Mitte Juni und Mitte August haben alle deutlich länger geöffnet, manche Restaurants jedoch machen Betriebsferien. Geschäfte haben in der Regel montags bis freitags von 9 bis 18, samstags bis 14 oder 16 Uhr geöffnet. Längere Öffnungszeiten haben Supermärkte und

WETTER IN STOCKHOLM

	Jan.	Feb.	März	April	Mai	Juni	Juli	Aug.	Sept.	Okt.	Nov.	Dez.
	-1	-1	3	8	14	19	22	20	15	9	5	2
Tagestemperaturen in °C												
	-5	-5	-4	1	6	11	14	13	9	5	1	-2
Nachttemperaturen in °C												
	1	2	5	7	9	10	9	7	6	3	1	1
Sonnenschein Std./Tag												
	10	7	6	7	7	8	9	10	9	9	10	11
Niederschlag Tage/Monat												
	3	1	1	2	5	10	15	15	13	10	7	4
Wassertemperaturen in °C												

PRAKTISCHE HINWEISE

die Kaufhäuser NK und Åhléns. Einige Shops der 7-Eleven-Kette sind rund um die Uhr geöffnet, z. B. *Götgatan 57* [128 B4] (Södermalm) und *Stureplan 2* [124 B5] (Östermalm).

POST

Postämter wurden in Schweden abgeschafft, in viele Supermärkte ist jetzt eine Poststelle integriert. Briefe und Postkarten innerhalb Europas kosten 12 SEK Porto. Briefmarken gibt es auch im *pressbyrån.*

SIGHTSEEING

Schiffsausflüge in die Schären und auf den Mälarsee veranstaltet *Strömma Kanalbolaget (www.strommakanalbolaget.com).* Tickets gibt's im Touristenbüro. Unvergesslich: ein Flug mit dem Heißluftballon *(www. farochflyg. se).* Mit der *Båtluffarkortet (340 SEK | im Tourist Centre)* können Sie die Boote der *Waxholmsbolaget (www. waxholmsbolaget.se)* fünf Tage lang unbegrenzt zum Schärenhopping nutzen. Fahrzeiten und Routen finden Sie am Nybrokajen [121 D-E2] und Strömkajen [128 B1]. Weitere Infos unter *www.citysightseeing.se*

TAXI

Ihre Taxifahrt *(Taxi Stockholm | Tel. 15 00 00; Taxi 020 | Tel. 020/20 20 20 oder Taxikurir | Tel. 30 00 00)* können Sie bar oder mit Kreditkarte bezahlen. Es gibt Festpreise für die Fahrt zwischen Zentrum und Flughafen Arlanda, die an den Taxis außen angeschlagen sind. Nachfragen!

TELEFON & HANDY

Handys sind in Schweden weit verbreitet, Telefonzellen gibt es nur wenige. Dort können Sie mit Kreditkarte oder einer Telefonkarte des schwedischen Betreibers *Telia* telefonieren. Es gibt sie in den Telia-Läden, bei ICA, 7-Eleven oder im *pressbyrån,* wo Sie auch aufladbare Prepaidkarten *(refillkort)* für das Handy kaufen können, mit denen die Gebühren für eingehende Anrufe entfallen. Prepaidkarten wie die von *GlobalSim (www.globalsim.net)* oder *Globilo (www.globilo.de)* sind zwar teurer, ersparen aber ebenfalls alle Roaming-Gebühren. Und: Sie bekommen schon zu Hause Ihre neue Nummer. Immer günstig sind SMS. Hohe Kosten verursacht die Mailbox: noch im Heimatland abschalten! Die Vorwahl für Stockholm ist (0)8, für Schweden 0046, für Deutschland 0049, für Österreich 0043, die Schweiz 0041.

TRINKGELD

Trinkgeld in der Höhe wie in Deutschland ist nicht üblich. Aber man rundet auf und gibt ein kleines Trinkgeld, wenn man mit dem Service zufrieden war.

ZOLL

Für Reisende aus EU-Ländern gelten inzwischen die EU-Richtlinien zum Warentransport aus und nach Schweden. Zollfrei: 800 Zigaretten, 400 Zigarillos, 200 Zigarren oder 1 kg Rauchtabak, 10 l Schnaps, 10 l alkoholhaltige Süßgetränke (Alkopops), 20 l Likörwein, 90 l Wein und 110 l Bier. Aus einem Nicht-EU-Land darf man 1 l Spirituosen oder 2 l Likörwein, 2 l Wein, 200 Zigaretten oder 100 Zigarillos oder 50 Zigarren oder 250 g Tabak einführen.

„Sprichst du Schwedisch?" Dieser Sprachführer hilft Ihnen, die wichtigsten Wörter und Sätze auf Schwedisch zu sagen

Aussprache

Zur Erleichterung der Aussprache sind alle schwedischen Wörter mit einer einfachen Aussprache (in eckigen Klammern) versehen. Im Schwedischen ist das persönliche „Du" üblich. Diesem Brauch wurde auch im vorliegenden Sprachführer gefolgt. Im Deutschen wurde jedoch das „Sie" beibehalten.

■ AUF EINEN BLICK ■

Ja./Nein.	Ja. [ja]/Nej. [nëi]
Vielleicht.	Kanske. [kansche]
Bitte.	Varsågod. [warsoguhdi]
Danke.	Tack. [tak]
Gern geschehen.	Det var så lite. [de wa so lite]
Entschuldigung!	Ursäkta!/Förlåt! [ürsäkta/förloht]
Wie bitte?	Förlåt? [förloht]
Ich verstehe nicht.	Jag förstår inte. [ja förstohrii inte]
Ich spreche nur	Jag talar bara lite svenska.
wenig Schwedisch.	[ja tahlar bahra lite svenska]
Sprechen Sie vielleicht	
Deutsch/ Englisch?	Talar Ni kanske tyska/engelska?
	[talar nii kansche tüska/engelska]
Können Sie mir bitte	Förlåt, kan du hjälpa mig?
helfen?	[förloht, kan dü jelpa mëi]
Ich möchte … (haben).	Jag skulle vilja (ha) …
	[jag skule wilja (ha)]
Das gefällt mir (nicht).	Det tycker jag (inte) om.
	[de tüker ja (inte) om]
Haben Sie …?	Har du …? [hahr dü]
Wie viel kostet es?	Hur mycket kostar den/det?
	[hühr müke kostar den/det]
Wie viel Uhr ist es?	Hur mycket är klockan?
	[hühr müke é klokan]

■ KENNENLERNEN ■

Guten Morgen!	God morgon! [gumoron]
Guten Tag!	God dag! [gudà]
Guten Abend!	God afton! [guafton]
Hallo! Grüß dich!	Hej! [hëi]
Wie geht es Ihnen/dir?	Hur mår ni/du? [hühr mohr ni/dü]

> *www.marcopolo.de/stockholm*

SPRACHFÜHRER SCHWEDISCH

Danke. Und Ihnen/dir?	Bra tack, och ni/du själv?
	[bra tak, ok ni/dü schälw]
Auf Wiedersehen!	Adjö! [ajö]
Bis morgen!	Vi ses i morgon! [wi ses imoron]
Tschüss!	Hej då! [hëi do]
Tschüss!	Vi hörs! [vi hörsch]

■ UNTERWEGS

AUSKUNFT

links/rechts	till vänster/till höger [til wänster/til höger]
geradeaus	rakt fram [rakt fram]
nah/weit	nära/långt (bort) [nära/longt (bort)]
Entschuldigung, wie komme ich bitte nach …?	Förlåt, hur kommer jag till …?
	[förloht, hür komer ja til]
Bitte, wo ist …	Förlåt, var ligger … [förloht, war liger]
… der Hauptbahnhof?	… centralstationen? [sentralstaschunen]
… die U-Bahn?	… tunnelbanan? [tunelbahnan]
… der Flughafen?	… flygplatsen? [flügplatsen]
Wie weit ist das?	Hur långt är det? [hühr longt e de]

BUS/BAHN

Wie viel kostet eine Fahrkarte nach…?	Hur mycket kostar en biljett till…?
	[hühr mücke kosstar een biljett till…]
Wann fährt der nächste Zug/ die nächste Bahn/der nächste Bus nach… ·	När går nästa tåg/ tunnelbana/ bus till…
	[när goor nässta toog/ tunnelbana/ bus till…]
Fahrkarte für eine einfache Fahrt	en enkel biljett
	[een enkel biljett]
Rückfahrkarte	en returbiljett
	[een retürbiljett]
Eine/zwei Streifenkarte/n	en remsa/ två remsor
	[en remssa, twoo remssur]

PANNE

| Ich habe eine Panne. | Min bil har gått sönder. |
| | [min bihl har got söner] |

Würden Sie mir bitte einen Abschleppwagen schicken?

Vill du vara vänlig och ringa efter en bärgningsbil? [wil dü wa wenlig o ringa efter en bärjiningsbihl]

Wo ist hier in der Nähe eine Werkstatt?

Finns det en verkstad här i närheten? [fins de en werkstahd här i närheten]

TANKSTELLE

Wo ist bitte die nächste Tankstelle?

Ursäkta, var ligger närmaste mack/bensinstation? [ursäkta, wahr liger närmaste mak/bensihnstaschun]

Ich möchte … Liter …
… 95 Oktan bleifrei.
… 98 Oktan bleifrei.
… Diesel.

Jag vill ha … liter … [ja wil ha … lihter …]
… 95 oktan blyfri. [nitifem oktan blüfri]
… 98 oktan blyfri. [nitiota oktan blüfri]]
… diesel. [disel]

UNFALL

Hilfe!

Hjälp! [jelp]

Achtung!/Vorsicht!

Se upp!/Varning! [se üp/warning]

Rufen Sie bitte schnell …

Var snäll och ring genast efter … [war snel o ring jenast efter]

… einen Krankenwagen.
… die Polizei.
… die Feuerwehr.

… ambulans. [ambulans]
… polisen. [puliesen]
… brandkåren. [brankoren]

Es war meine/Ihre Schuld.

Det var mitt/ditt fel. [det wa mit/dit fehl]

Geben Sie mir bitte Ihren Namen und Ihre Anschrift.

Kan jag få ditt namn och adress, tack. [kan ja fo dit namn o adress, tak]

ESSEN/UNTERHALTUNG

Wo gibt es hier …
… ein gutes Restaurant?
… ein nicht zu teures Restaurant?

Var finns det … [war fins de]
… en bra restaurang? [en bra resturang]
… en inte alltför dyr restaurang? [en inte altför dür resturang]

Gibt es hier eine gemütliche Kneipe?

Finns det någon trevlig pub här? [fins de nohgon trewli pab här]

Reservieren Sie uns bitte für heute Abend einen Tisch für vier Personen.

Kan vi få boka ett bord för fyra personer till i kväll. [kan wi fo bestäla et buhrd för führa persuhner til i kwel]

Zum Wohl!/Prost!

Skål! [skohl]

Bezahlen, bitte.

Kan jag få betala. [kan ja fo betahla]

EINKAUFEN

Wo finde ich …
… eine Apotheke?

Var hittar jag … [war hitar ja]
… ett apotek? [et apotehk]

> *www.marcopolo.de/stockholm*

… eine Bäckerei?	… ett bageri? [et bageri]
… ein Kaufhaus?	… ett varuhus? [et vahrühüs]
… ein Lebensmittelgeschäft?	… en livsmedelsbutik? [en liwsmedelsbutik]
… einen Markt?	… en marknad? [en marknad]

■ ÜBERNACHTUNG

Können Sie mir bitte … empfehlen?	Kan du rekommendera … [kan dü rekomendéra]
… ein gutes Hotel …	… ett bra hotell? [et brah hutél]
… eine Pension …	… ett pensionat? [et penschunat]
Ich habe ein Zimmer reserviert.	Jag har bokat ett rum. [ja hahr buukat et rüm]
Haben Sie noch Zimmer frei?	Har du något rum ledigt? [har dü nogot rum ledit]
ein Einzelzimmer	ett enkelrum [et enkelrum]
ein Doppelzimmer	ett dubbelrum [et dubelrum]
für eine Nacht	för en natt [för en nat]
für eine Woche	för en vecka [för en weka]
Was kostet das Zimmer mit …	Vad kostar rummet med … [wa kostar rumet]
… Frühstück?	… frukost? [frukost]

■ PRAKTISCHE INFORMATIONEN

ARZT

Ich habe mich verletzt.	Jag har skadat mig. [ja har skahdatt mäj]
Ich habe Fieber.	Jag har feber. [ja har fehber]
Ich habe hier Schmerzen.	Jag har ont här. [ja har unt här]

BANK

Wo ist hier bitte …	Var finns det … här? [war fins de … här]
… eine Bank?	… en bank … [en bank]
… eine Wechselstube?	… ett växelkontor … [et wäxelkontur]
Ich möchte … Euro (Schweizer Franken) in Kronen umwechseln.	Jag skulle vilja växla … Euro (schweiziska francs) till kronor. [ja skule wilja wäxla euro ≠(schwëitsiska frang) til krunuhr]

POST

Was kostet …	Vad kostar … [wa kostar]
… ein Brief …	… ett brev … [et brew]
… eine Postkarte …	… ett vykort … [et wükurt]
… nach Deutschland?	… till Tyskland? [til tüskland]

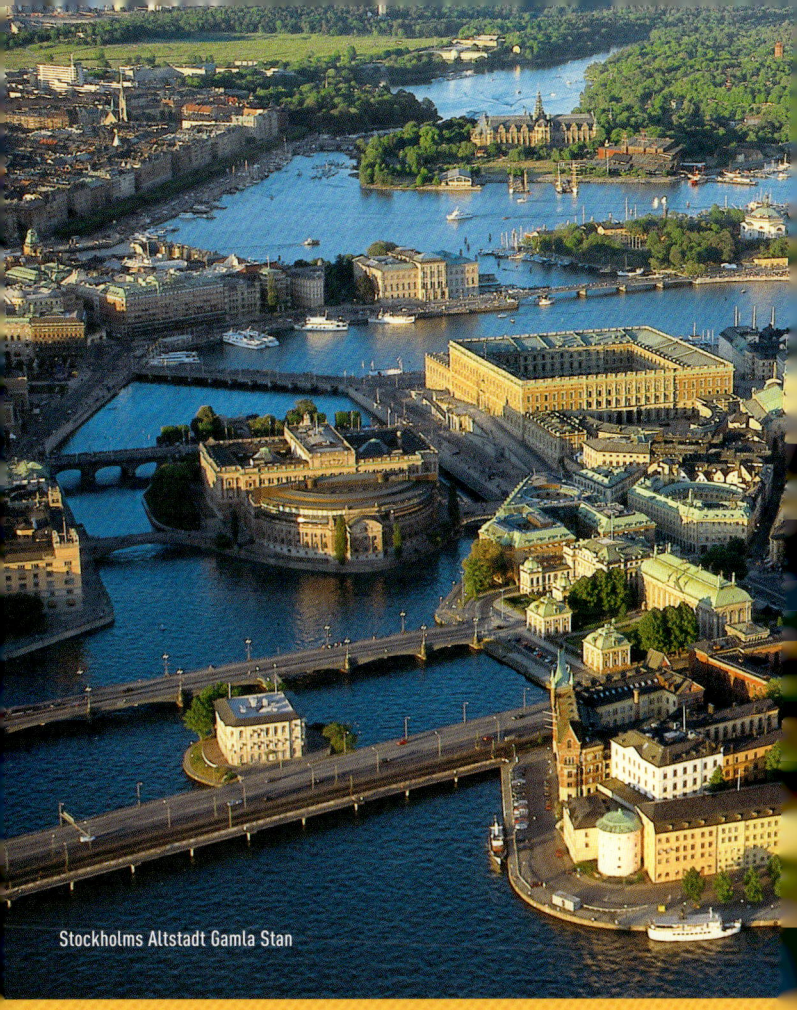

Stockholms Altstadt Gamla Stan

> UNTERWEGS IN STOCKHOLM

Die Seiteneinteilung für den Reiseatlas finden Sie auf
dem hinteren Umschlag dieses Reiseführers

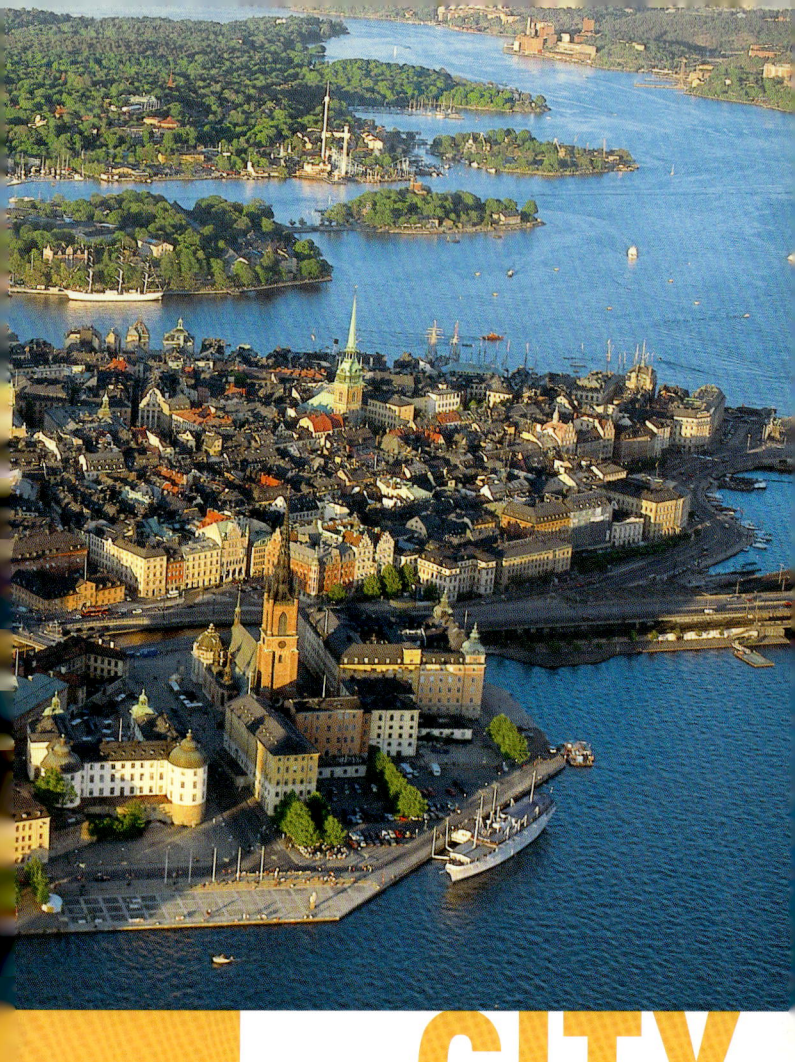

CITY ATLAS

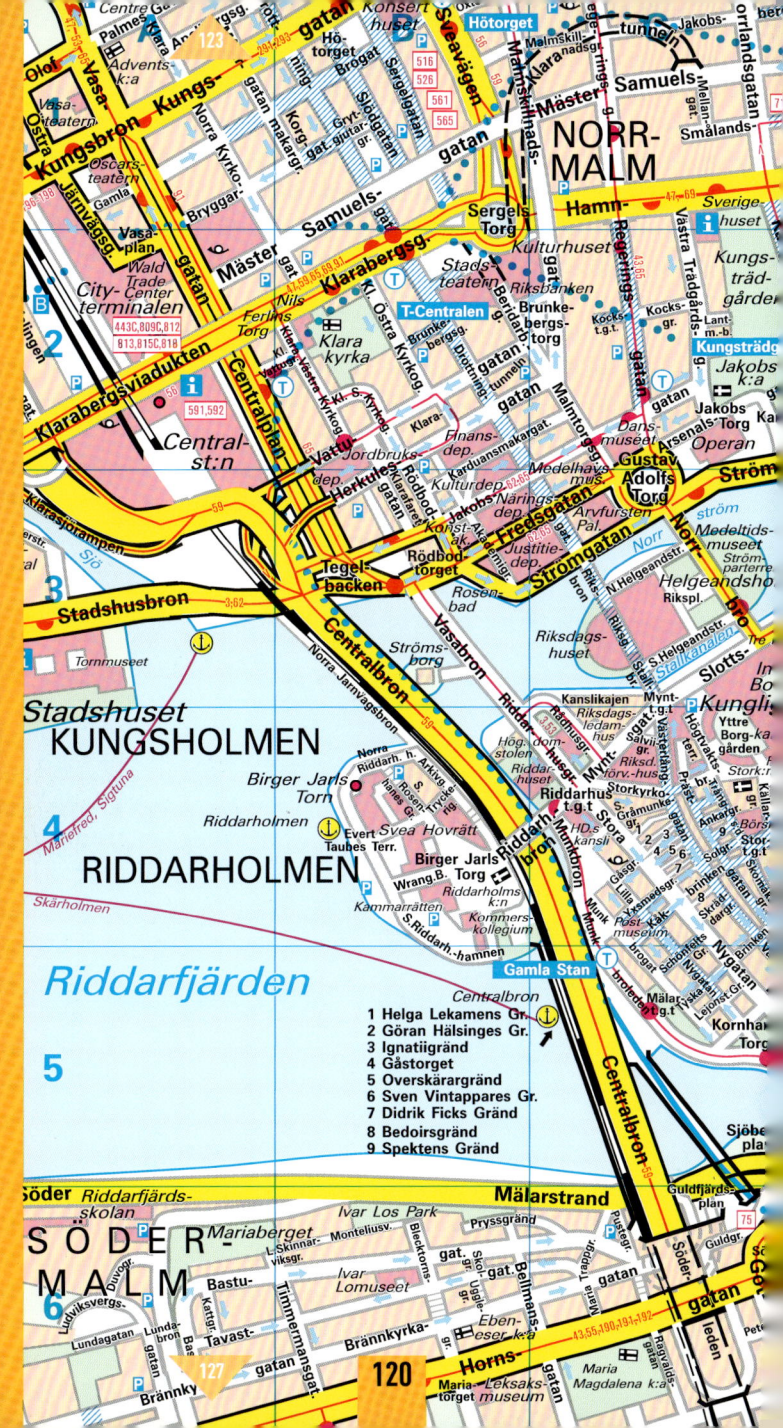

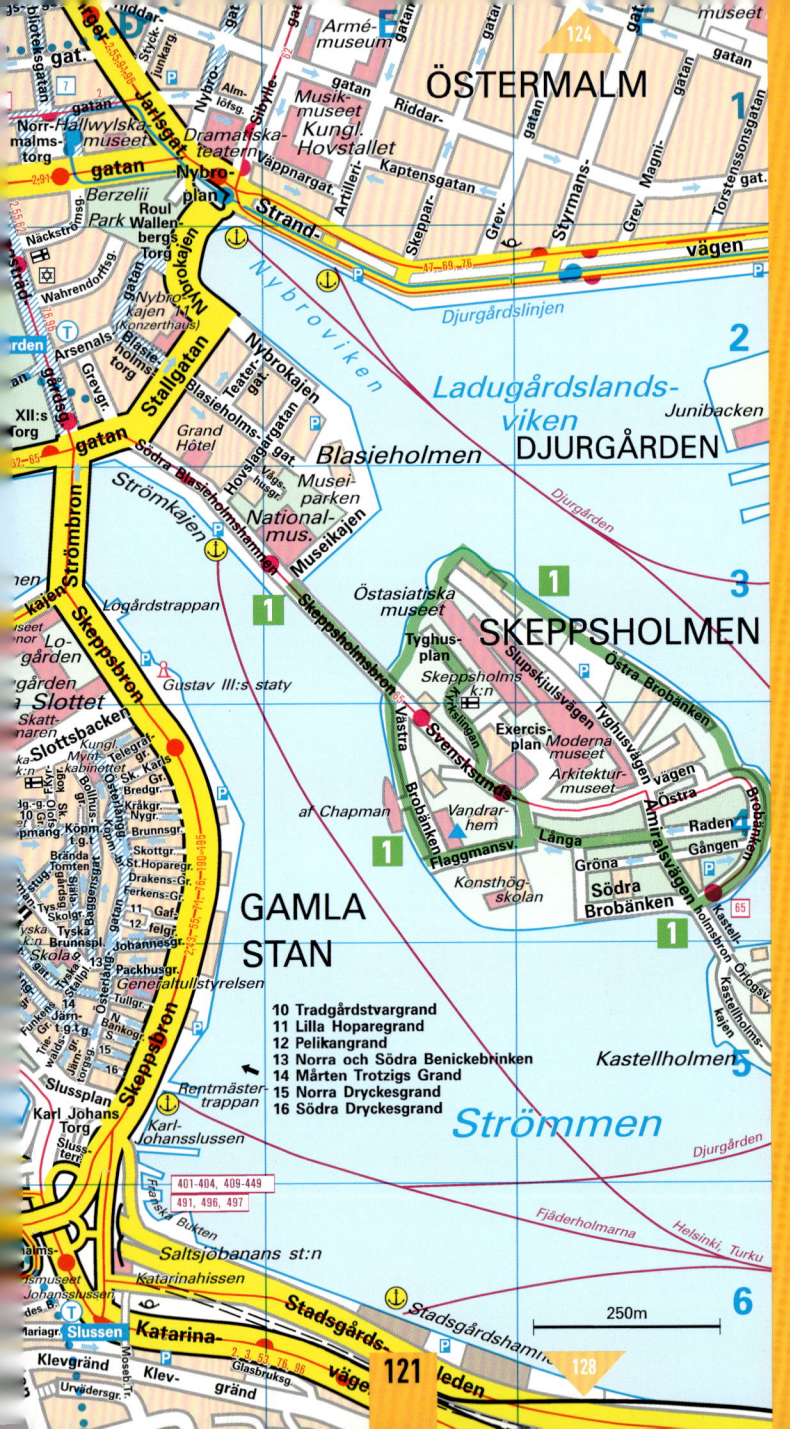

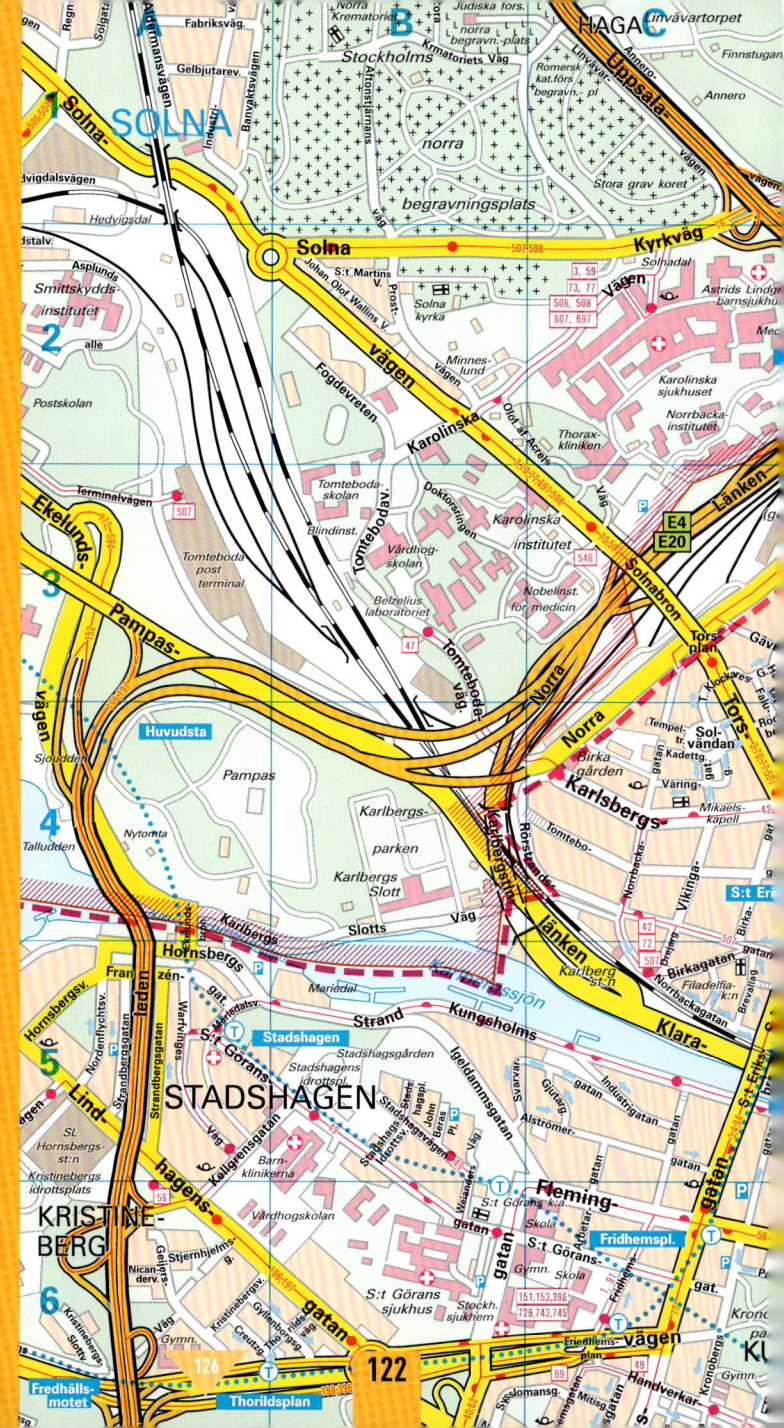

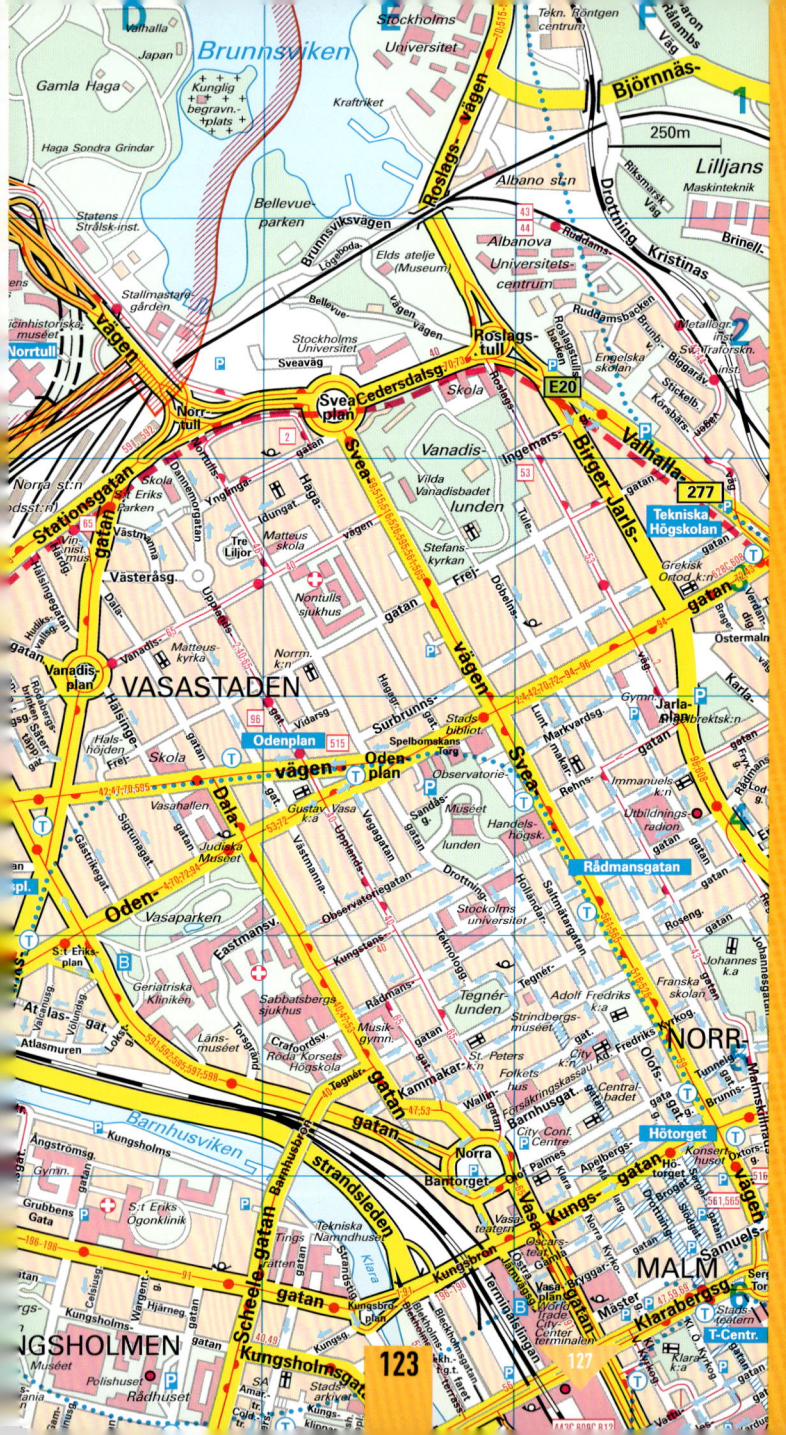

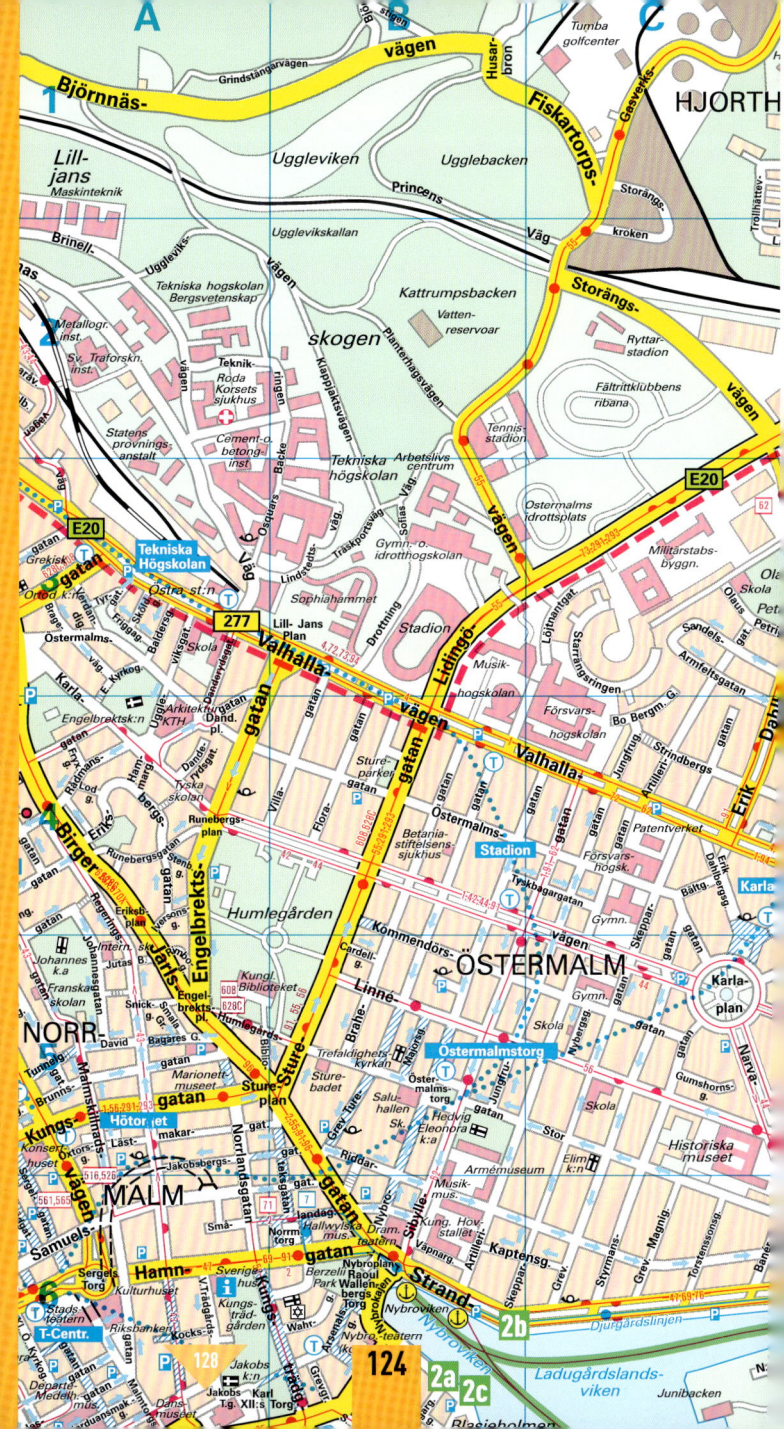

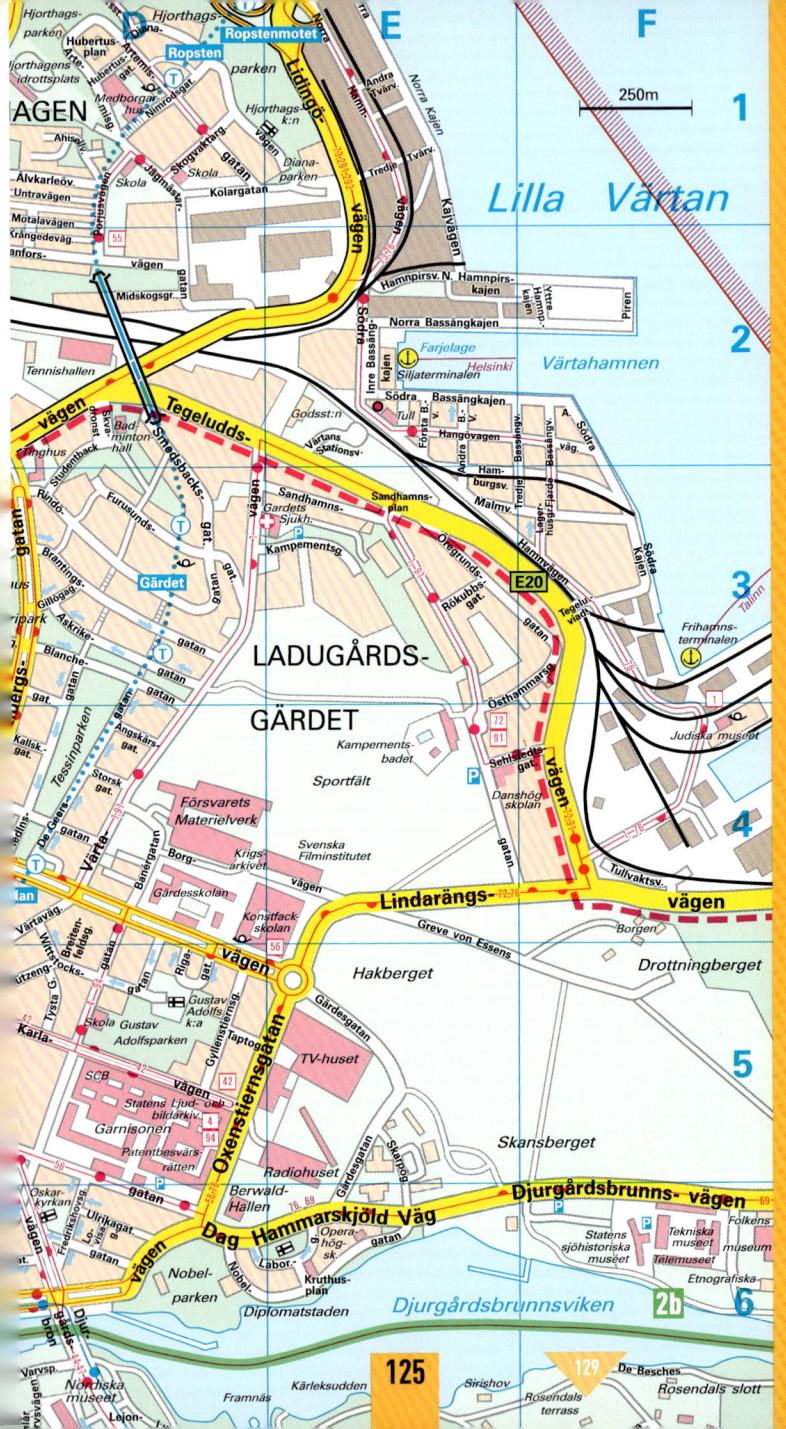

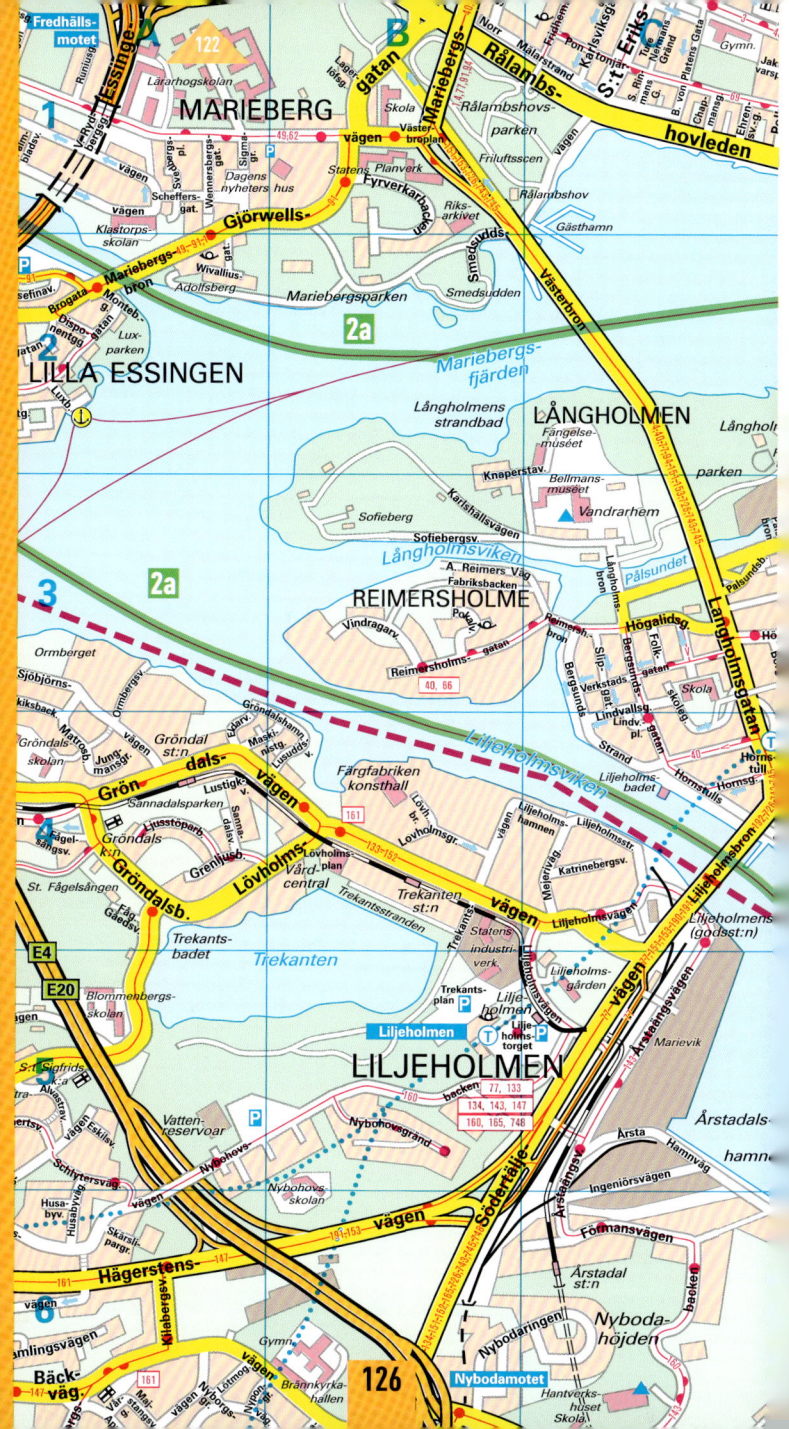

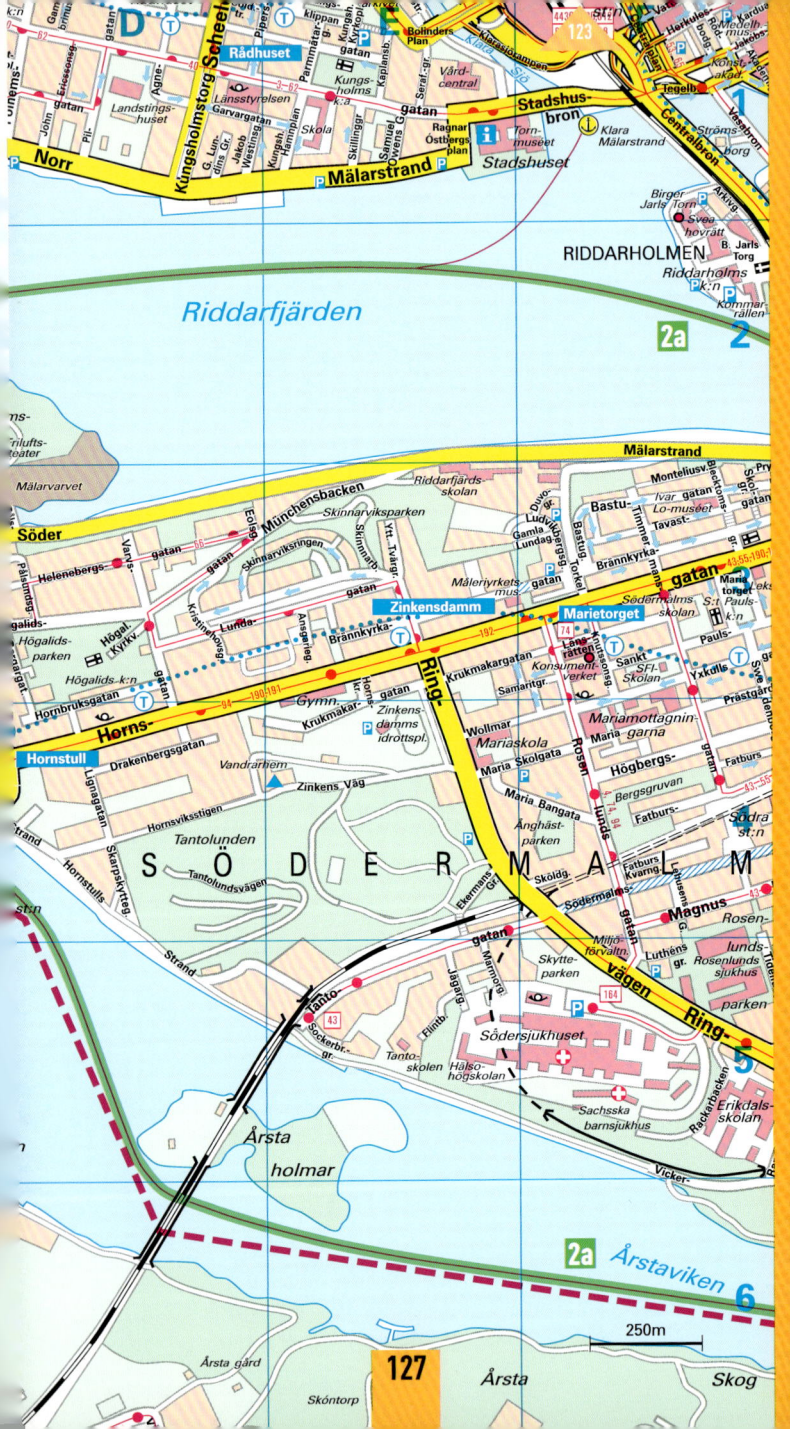

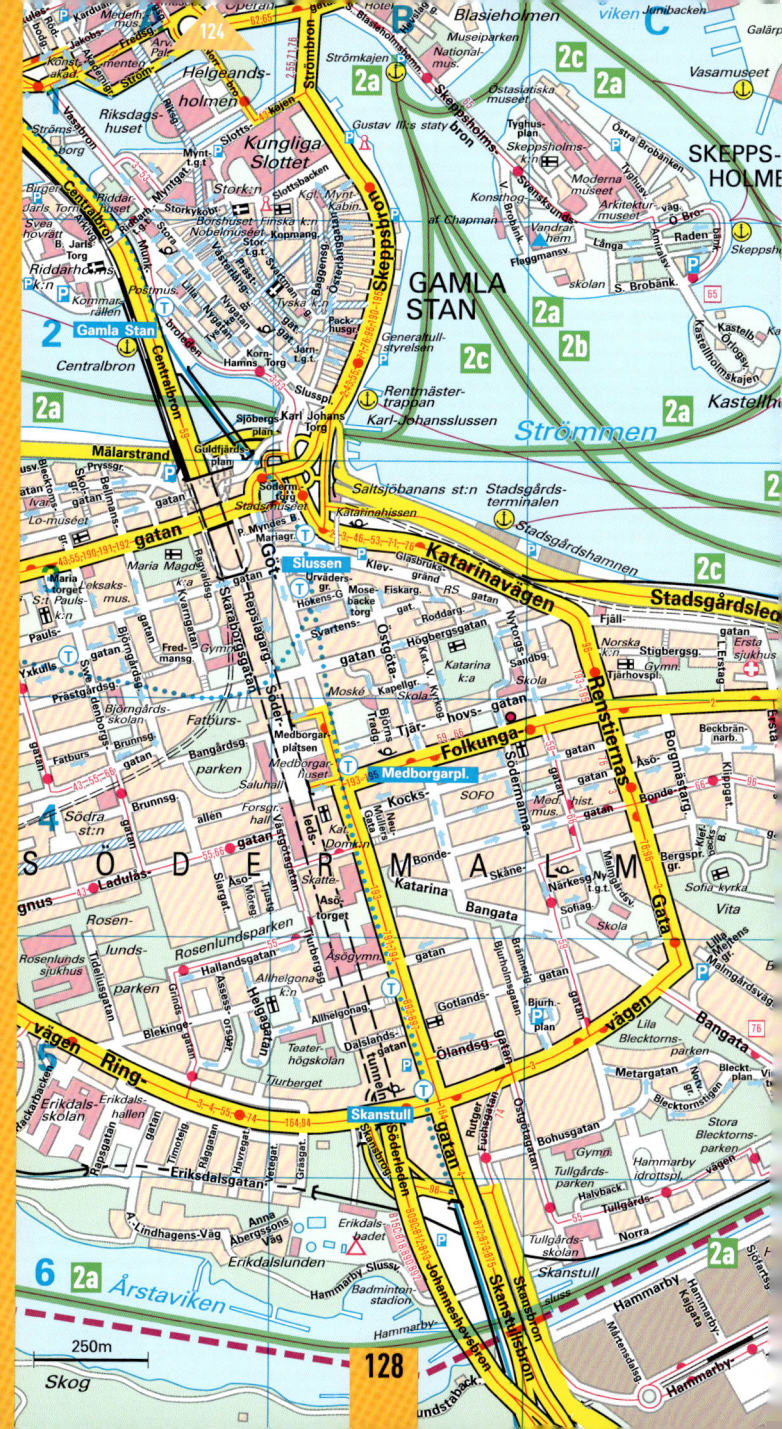

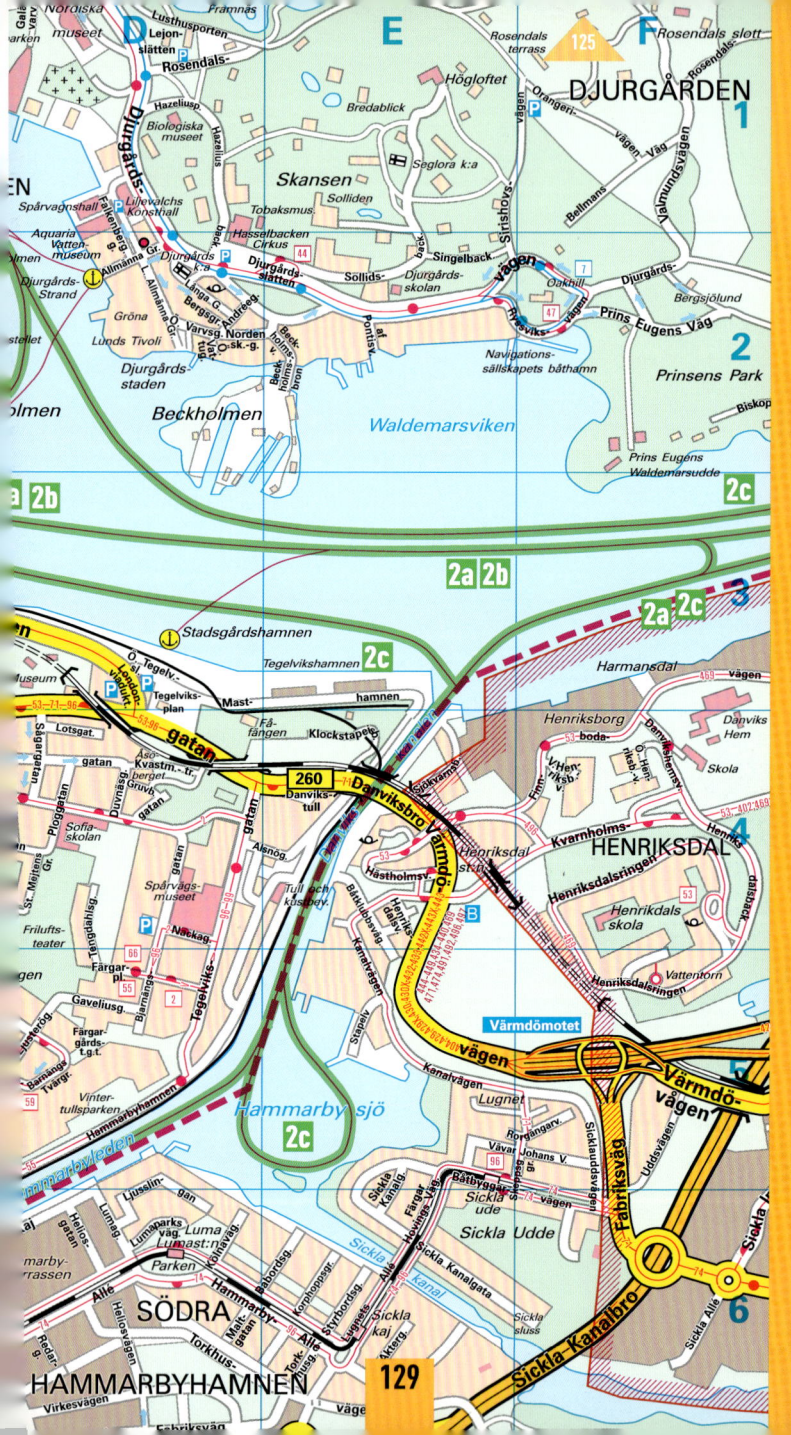

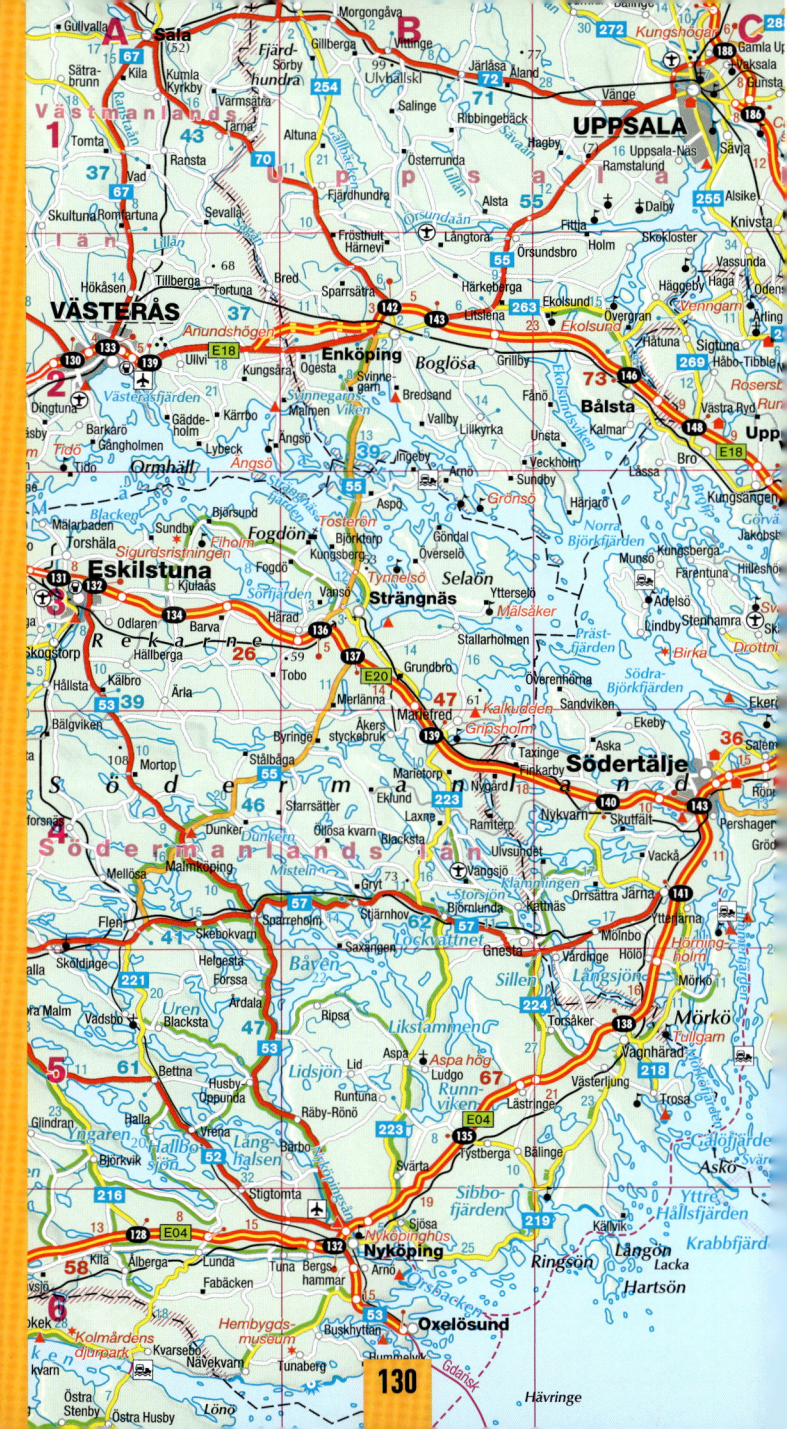

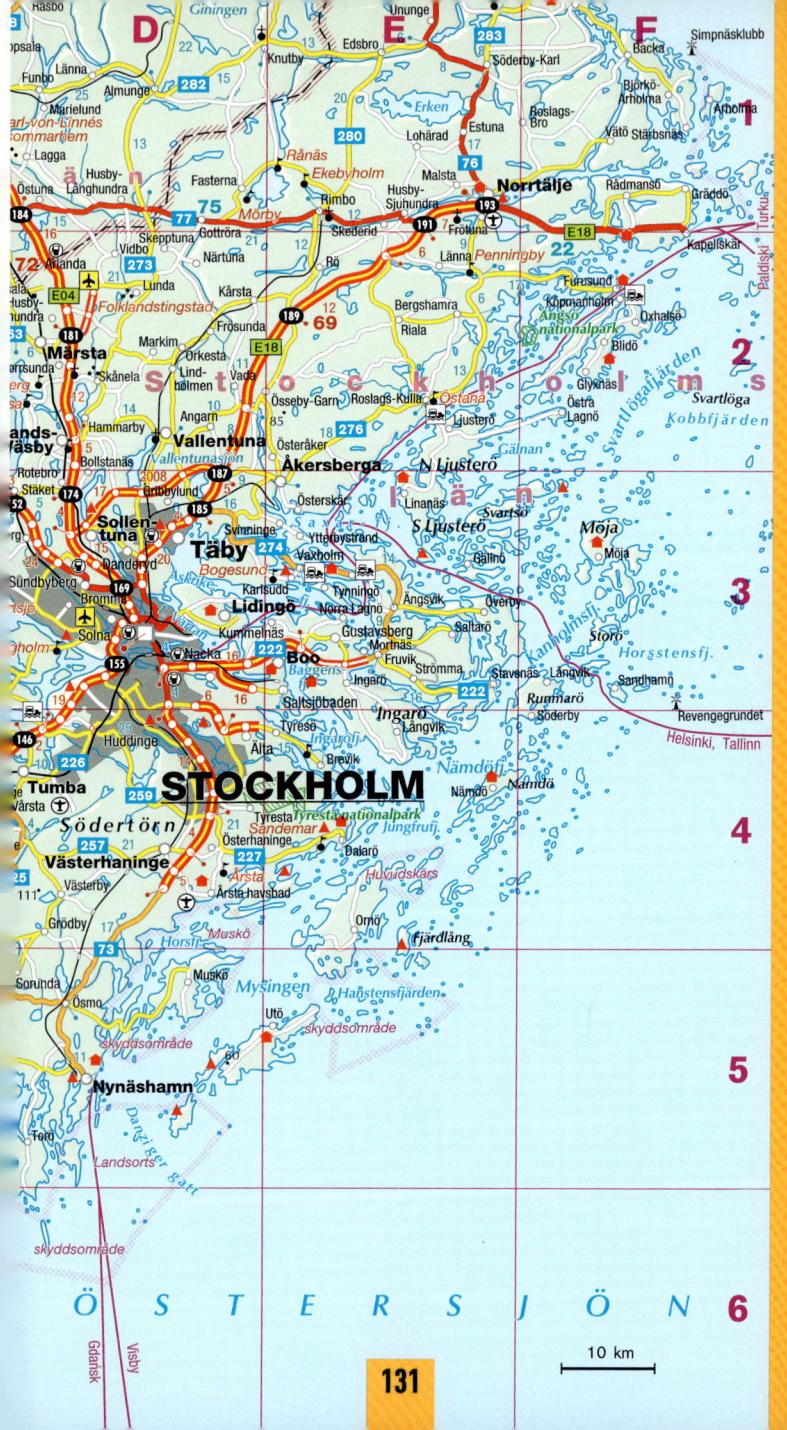

Das Register enthält eine Auswahl der im Cityatlas dargestellten Straßen und Plätze

KARTENLEGENDE

Motorväg / Autobahn	Motorway / Autoroute
Väg med fyra körfält / Vierspurige Straße	Road with four lanes / Route à quatre voies
Genomfartsled / Durchgangsstraße	Thoroughfare / Route de transit
Huvudled / Hauptstraße	Main road / Route principale
Övriga vägar / Sonstige Straßen	Other roads / Autres routes
Enkelriktad gata - Gågata / Einbahnstraße - Fußgängerzone	One-way street - Pedestrian zone / Rue à sens unique - Zone piétonne
Information - Parkering / Information - Parkplatz	Information - Parking place / Information - Parking
Huvudjärnväg med station / Hauptbahn mit Bahnhof	Main railway with station / Chemin de fer principal avec gare
Övrig järnväg / Sonstige Bahn	Other railway / Autre ligne
Tunnelbana, under byggnad / U-Bahn, in Bau	Underground, under construction / Métro, en construction
Spårväg - Omnibusslinje / Straßenbahn - Buslinie	Tramway - Bus-route / Tramway - Ligne d'autobus
Sjöfartslinje / Schifffahrtslinie	Shipping route / Ligne de navigation
Tilläggsställe - Flygbuss / Anlegestelle - Flughafenbus	Landing stage - Airport bus / Embarcadère - Bus d'aéroport
Sevärd kyrka - Övrig kyrka - Synagoga / Sehenswerte Kirche - Sonstige Kirche - Synagoge	Church of interest - Other church - Synagogue / Église remarquable - Autre église - Synagogue
Monument - Vandrarhem / Denkmal - Jugendherberge	Monument - Youth hostel / Monument - Auberge de jeunesse
Poliskontor - Postkontor - Sjukhus / Polizeistation - Postamt - Krankenhaus	Police station - Post office - Hospital / Poste de police - Bureau de poste - Hôpital
Bebyggt område, offentlig byggnad / Bebaute Fläche, öffentliches Gebäude	Built-up area, public building / Zone bâtie, bâtiment public
Industriområde / Industriegelände	Industrial area / Zone industrielle
Park, skog / Park, Wald	Park, forest / Parc, bois
Zon med inskränkningar i trafiken - Stadsgräns / Zone mit Verkehrsbeschränkung - Stadtgrenze	Restricted traffic zone - Municipal boundary / Circulation réglementée par des péages - Limite municipale
Stadspromenader / Stadtspaziergänge	Walking tours / Promenades en ville

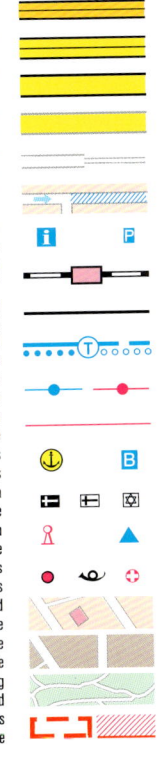

FÜR IHRE NÄCHSTE REISE

gibt es folgende MARCO POLO Titel:

DEUTSCHLAND
Allgäu
Amrum/Föhr
Bayerischer Wald
Berlin
Bodensee
Chiemgau/Berchtes-
    gadener Land
Dresden/Sächsische
    Schweiz
Düsseldorf
Eifel
Erzgebirge/Vogtland
Franken
Frankfurt
Hamburg
Harz
Heidelberg
Köln
Lausitz/Spreewald/
    Zittauer Gebirge
Leipzig
Lüneburger Heide/
    Wendland
Mark Brandenburg
Mecklenburgische
    Seenplatte
Mosel
München
Nordseeküste
    Schleswig-
    Holstein
Oberbayern
Ostfriesische Inseln
Ostfriesland/
    Nordseeküste
    Niedersachsen/
    Helgoland
Ostseeküste
    Mecklenburg-
    Vorpommern
Ostseeküste
    Schleswig-
    Holstein
Pfalz
Potsdam
Rheingau/
    Wiesbaden
Rügen/Hiddensee/
    Stralsund
Ruhrgebiet
Schwäbische Alb
Schwarzwald
Stuttgart
Sylt
Thüringen
Usedom
Weimar

ÖSTERREICH |
SCHWEIZ
Berner Oberland/
    Bern
Kärnten
Österreich
Salzburger Land

Schweiz
Tessin
Tirol
Wien
Zürich

FRANKREICH
Bretagne
Burgund
Côte d'Azur/Monaco
Elsass
Frankreich
Französische
    Atlantikküste
Korsika
Languedoc-Roussillon
Loire-Tal
Nizza/Antibes/Cannes/
    Monaco
Normandie
Paris
Provence

ITALIEN | MALTA
Apulien
Capri
Dolomiten
Elba/Toskanischer
    Archipel
Emilia-Romagna
Florenz
Gardasee
Golf von Neapel
Ischia
Italien
Italienische Adria
Italien Nord
Italien Süd
Kalabrien
Ligurien/
    Cinque Terre
Mailand/Lombardei
Malta/Gozo
Oberital. Seen
Piemont/Turin
Rom
Sardinien
Sizilien/
    Liparische Inseln
Südtirol
Toskana
Umbrien
Venedig
Venetien/Friaul

SPANIEN |
PORTUGAL
Algarve
Andalusien
Barcelona
Baskenland/Bilbao
Costa Blanca
Costa Brava
Costa del Sol/Granada
Fuerteventura
Gran Canaria

Ibiza/Formentera
Jakobsweg/Spanien
La Gomera/El Hierro
Lanzarote
La Palma
Lissabon
Madeira
Madrid
Mallorca
Menorca
Portugal
Sevilla
Spanien
Teneriffa

NORDEUROPA
Bornholm
Dänemark
Finnland
Island
Kopenhagen
Norwegen
Schweden
Stockholm
Südschweden

WESTEUROPA |
BENELUX
Amsterdam
Brüssel
Dublin
England
Flandern
Irland
Kanalinseln
London
Luxemburg
Niederlande
Niederländische
    Küste
Schottland
Südengland

OSTEUROPA
Baltikum
Budapest
Estland
Kaliningrader
    Gebiet
Lettland
Litauen/Kurische
    Nehrung
Masurische Seen
Moskau
Plattensee
Polen
Polnische Ostsee-
    küste/Danzig
Prag
Riesengebirge
Russland
Slowakei
St. Petersburg
Tschechien
Ungarn
Warschau

SÜDOSTEUROPA
Bulgarien
Bulgarische
    Schwarzmeerküste
Kroatische Küste/
    Dalmatien
Kroatische Küste/
    Istrien/Kvarner
Montenegro
Rumänien
Slowenien

GRIECHENLAND |
TÜRKEI | ZYPERN
Athen
Chalkidiki
Griechenland
    Festland
Griechische
    Inseln/Ägäis
Istanbul
Korfu
Kos
Kreta
Peloponnes
Rhodos
Samos
Santorin
Türkei
Türkische Südküste
Türkische Westküste
Zakinthos
Zypern

NORDAMERIKA
Alaska
Chicago und
    die Großen Seen
Florida
Hawaii
Kalifornien
Kanada
Kanada Ost
Kanada West
Las Vegas
Los Angeles
New York
San Francisco
USA
USA Neuengland/
    Long Island
USA Ost
USA Südstaaten/
    New Orleans
USA Südwest
USA West
Washington D.C.

MITTEL- UND
SÜDAMERIKA
Argentinien
Brasilien
Chile
Costa Rica
Dominikanische
    Republik

Jamaika
Karibik/
    Große Antillen
Karibik/
    Kleine Antillen
Kuba
Mexiko
Peru/Bolivien
Venezuela
Yucatán

AFRIKA |
VORDERER
ORIENT
Ägypten
Djerba/
    Südtunesien
Dubai/Vereinigte
    Arabische Emirate
Israel
Jerusalem
Jordanien
Kapstadt/
    Wine Lands/
    Garden Route
Kenia
Marokko
Namibia
Qatar/Bahrain/
    Kuwait
Rotes Meer/Sinai
Südafrika
Tunesien

ASIEN
Bali/Lombok
Bangkok
China
Hongkong/
    Macau
Indien
Japan
Ko Samui/
    Ko Phangan
Malaysia
Nepal
Peking
Philippinen
Phuket
Rajasthan
Shanghai
Singapur
Sri Lanka
Thailand
Tokio
Vietnam

INDISCHER
OZEAN |
PAZIFIK
Australien
Malediven
Mauritius
Neuseeland
Seychellen
Südsee

Im Register finden Sie alle in diesem Reiseführer beschriebenen Sehenswürdigkeiten, Museen und Ausflugsziele sowie wichtige Persönlichkeiten und Stichworte. Halbfette Seitenzahlen verweisen auf den Haupteintrag, kursive auf ein Foto.

IMPRESSUM

> SCHREIBEN SIE UNS!

Liebe Leserin, lieber Leser,

wir setzen alles daran, Ihnen möglichst aktuelle Informationen mit auf die Reise zu geben. Dennoch schleichen sich manchmal Fehler ein – trotz gründlicher Recherche unserer Autoren/innen. Sie haben sicherlich Verständnis, dass der Verlag dafür keine Haftung übernehmen kann.

Wir freuen uns aber, wenn Sie uns schreiben.

Senden Sie Ihre Post an die MARCO POLO Redaktion, MAIRDUMONT, Postfach 31 51, 73751 Ostfildern, info@marcopolo.de

IMPRESSUM

Titelbild: Altstadt, Schiffe, Fahne Schweden (Bilderberg: Jerzy Modrak)
Fotos: Stefanie Bache (138); BEYOND RETRO (15 o.); Bilderberg: Jerzy Modrak (1);
© fotolia.com: Marty Kropp (100 M. r.), Kzenon (101 M. r.); R. Freyer (U. l., 2 l., 3 l., 3 M., 4 l., 26, 30, 35, 42, 44, 58, 61, 63, 64, 65, 66/67, 68, 70, 73, 74/75, 76, 79, 84, 87, 88, 91, 94/95, 96); Linus Hallse-nius (101 u. r.); HB Verlag: Riehle (16/17, 20, 36, 99, 102/103, 104, 106, 107, 118/119); Huber: Damm (40), Gräfenhain (U. r., 5, 19, 22/23, 33, 50/51), Mehlig (6/7), Picture Finders (11), Schmid (56/57); © iStockphoto.com: Anna Yu (100 M. l.); Julie Johnstone (101 o. l.); Lacrosse (15 u.); Laif: Kirchner (82/83), Riehle (U. M., 3 r., 4 r., 21, 47, 49, 52, 81, 92, 92/93), Zanettini (2 r., 8/9, 20/21, 29, 38, 55, 93); Åke E:son Lindman (14 o.); Nox (13 u.); Sture Nyholm (13 o.); Oaxen (14 u.); Rederi Stockholms Ström Ribcharter (100 u. r.); Fina Sundqvist (12 u.); Waltraud Tannenberg (100 o. l., 101 M. l.); Mikael Thunman (12 o.); Jan Torbjörnsson (14 M.)

1. Auflage 2009
© MAIRDUMONT GmbH & Co. KG, Ostfildern
Chefredaktion: Michaela Lienemann, Marion Zorn
Autorin: Tatjana Reiff; Redaktion: Christina Sothmann
Programmbetreuung: Jens Bey, Silwen Randebrock; Bildredaktion: Gabriele Forst
Szene/24h: wunder media, München
Kartografie Reiseatlas: © MAIRDUMONT, Ostfildern
Innengestaltung: Zum goldenen Hirschen, Hamburg; Titel/S. 1–3: Factor Product, München
Sprachführer: in Zusammenarbeit mit Ernst Klett Sprachen GmbH, Stuttgart, Redaktion PONS Wörterbücher
Das Werk einschließlich aller seiner Teile ist urheberrechtlich geschützt. Jede urheberrechtsrelevante Verwertung ist ohne Zustimmung des Verlages unzulässig und strafbar. Das gilt insbesondere für Vervielfältigungen, Übersetzungen, Nachahmungen, Mikroverfilmungen und die Einspeicherung und Verarbeitung in elektronischen Systemen.
Printed in Germany. Gedruckt auf 100% chlorfrei gebleichtem Papier

> UNSERE AUTORIN

MARCO POLO Insiderin Tatjana Reiff im Interview

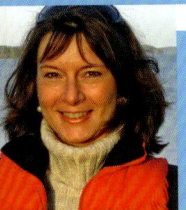

Tatjana Reiff lebt seit 1997 in Stockholm und musste dort als Rheinländerin erst mal eins lernen: weniger und vor allem leise reden.

Wieso leben Sie in Stockholm?

Als ich klein war, wollte ich unbedingt wissen, ob es in Schweden tatsächlich so aussieht wie in Bullerbü. Meine Eltern sind deshalb mit mir im Sommer an die schwedische Westküste gefahren. Drei Wochen lang wohnten wir in einem alten Bauernhaus, umgeben von Birkenwäldern und Wildblumenwiesen – es sah genauso aus wie in Bullerbü. Seitdem hat mich die Sehnsucht nach Schweden gepackt – bis ich mir meinen Traum erfüllte und nach Stockholm zog.

Was hält Sie dort?

An Stockholm faszinieren mich besonders das viele Wasser und die vielen Inseln. Dadurch wirkt die Stadt leicht und luftig, gar nicht wie eine Großstadt. Das maritime Flair mit dümpelnden Booten und Möwengeschrei sorgt für richtiges Urlaubsfeeling – und das jeden Tag. Viele fragen mich, wie ich es hier oben im Winter aushalte. Dann wird es ja erst ab 10 Uhr hell und um 15 Uhr schon wieder dunkel. Mein Rezept: So viel wie möglich rausgehen und das wenige Tageslicht in sich aufsaugen! Auch eine Tageslichtlampe wirkt Wunder. Ansonsten zündet man einfach Kerzen an, macht es sich drinnen gemütlich und schläft schon mal vor für den Sommer, denn dann hat man dafür keine Zeit.

Wie kommen Sie in Stockholm zurecht?

Die Stockholmer sind vom Wesen her eher reserviert– was nicht heißt, dass sie nicht gastfreundlich und hilfsbereit sind. Man muss bei Kontakten selbst aktiv werden, offen sein und unbedingt darauf achten, sich nicht aufzudrängen und die Leute nicht mit Worten zu überschütten. Das musste ich als Rheinländerin erst lernen. Auch das Tempo ist anders als in Deutschland. Alles geht langsamer, die Menschen sind gelassener, und man ist gut beraten, sich da anzupassen. Wer drängelt und meckert, gewinnt nichts, sondern fällt nur unangenehm auf.

Kommen Sie viel herum?

Durch meinen Job als TV-Journalistin bin ich viel in ganz Schweden unterwegs. Privat gehe ich gern in Stockholm und Umgebung auf Entdeckungsreise. Södermanland z. B. steckt voller Schlösser und Herrenhäuser rund um den Mälarsee. Oder Stockholms Schären mit den 24 000 Inseln. Bis man die alle durchhat …

Ihr Stockholmer Lieblingsessen?

Ich liebe *köttbullar!* Mit Preiselbeeren und Kartoffelpüree. Und ich esse gern Fisch wie *röding* (Saibling), Lachs in allen Variationen und natürlich Hering in süß-saurer Senfsauce. Und Krabben. Wenn es kein Fisch sein soll, dann Elch, als Steak oder Gulasch – einfach köstlich!

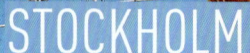

STOCKHOLM

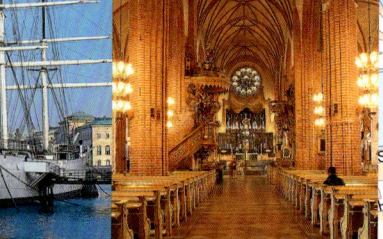

Central-
station

Medeltids-
museet

Riddar-
fjärden

Söder Mälarstrand

Hornsgatan

Södra-
station

> SYMBOLE

**MARCO POLO
INSIDER-TIPPS**
Von unserer Autorin
für Sie entdeckt

★ **MARCO POLO
HIGHLIGHTS**
Alles, was Sie in
Stockholm kennen
sollten

☼ **SCHÖNE AUSSICHT**

📶 **WLAN-HOTSPOT**

▶▶ **HIER TRIFFT SICH
DIE SZENE**

> PREISKATEGORIEN

HOTELS
€€€   über 200 Euro
€€   130–200 Euro
€   unter 130 Euro
Die Preise gelten für zwei
Personen im Doppelzimmer
pro Nacht mit Frühstück

RESTAURANTS
€€€   über 28 Euro
€€   18–28 Euro
€   unter 18 Euro
Die Preise gelten für ein
für das jeweilige Restaurant
typisches Hauptgericht

> KARTEN

[120 A1] Seitenzahlen u
Koordinaten fü
Cityatlas Stockh
und die Übersie
karte Stockholr
mit Umland au
S. 130/131

[0]   außerhalb des
Kartenausschni

Zu Ihrer Orientierung si
auch die Objekte mit
Koordinaten versehen,
nicht im Cityatlas einge
gen sind. Einen U-Bahn
finden Sie im hinteren
schlag

MARCO ⊕ POLO

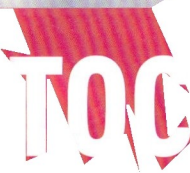

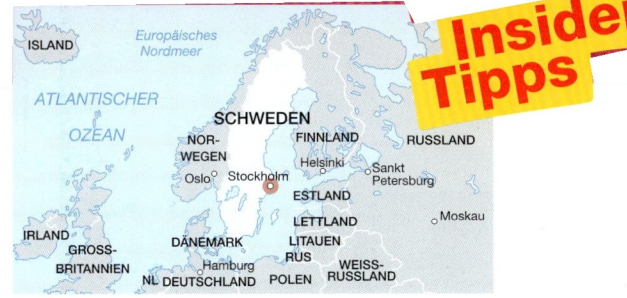

> An Stockholm faszinieren das viele
> Wasser und die zahllosen Inseln.
> Dadurch wirkt die Stadt leicht und
> luftig, überhaupt nicht wie eine
> Großstadt. Das maritime Flair mit
> dümpelnden Booten und Möwen-
> geschrei sorgt für richtiges Urlaubs-
> feeling – und das jeden Tag!
> *MARCO POLO Autorin*
> *Tatjana Reiff*
> (siehe S. 138)

W0231172

Spezielle News, Lesermeinungen und Angebote zu Stockholm:
www.marcopolo.de/stockholm